# ¿Por qué son pobres los pobres?

Raul Barraza B.

PAGE PUBLISHING, INC.
Conneaut Lake, PA

Primera publicación original de Page Publishing 2020

ISBN 978-1-64334-508-6 (Versión Impresa)
ISBN 978-1-64334-509-3 (Versión electrónica)

Libro impreso en Los Estados Unidos de América

# Índice

# Prólogo

ESCRIBO ESTE ORIENTADOR E INTERESANTE libro con el objetivo de decir las verdades que son de mi conocimiento. Con esto no quiero decir que digo las causas que motivan la pobreza, porque estas son variadas y diversas, pero sí digo lo que sé. Aplico el lenguaje que hablo diariamente, porque es el que entiendo y el que entiende mi público, que precisamente son los pobres y no es que, por mi voluntad, haya querido faltar al idioma de Cervantes o a la Real Academia Española. A los críticos mal intencionados, pido que sean justos y veraces con sus observaciones y que comprendan la buena intención de mi mensaje. Mi único propósito se centra en buscar los errores comunes que causan la pobreza de la mayor parte de nuestra gente quienes, por vivir desorientados, son cada día más pobres y necesitan que se les hable y escriba de acuerdo a su capacidad educativa, a fin de que comprendan los errores que son la causa común de ello. Estoy de acuerdo con que hayamos pobres, pero no con que vivamos en la miseria. Asimismo, no estoy de acuerdo con que haya ricos que se apoderen de todo aquello que es indispensable para conservar y continuar la vida del hombre en condiciones dignas de ser vivida. ¿Por qué somos pobres los pobres? Todo lo escrito, es experiencia adquirida en mi diario vivir y es así como llegué a comprender: *¿Por qué somos pobres los pobres?*

El autor.

*¿POR QUÉ SOMOS POBRES LOS pobres?* es una obra literaria del género popular que, explica los acontecimientos de una manera clara y sencilla, pues es de suponer que el autor haya tenido muchas experiencias en dicho tema. El lector se imaginará las diversas formas que son las causas de la pobreza, pero para enterarse a ciencia cierta de todos y cada uno de los diversos casos y cosas que la originan se debe leer esta obra, sin dejar pasar nada inadvertido, ya que cada caso expuesto es completamente real, sin ningún argumento que desvíe la verdad.

Es de conocimiento que, todas las personas nos equivocamos alguna o muchas veces en la vida, pero cuando nos damos por vencidos y decidimos vivir unidos en la pobreza, nos equivocamos para toda la vida. Así, pues, nunca vemos que estamos equivocados sino hasta vernos afectados por los errores cometidos; y lo peor del caso, es que los errores más grandes son aquellos que hemos cometido sin darnos cuenta y justamente son estos, quienes nos hacen permanecer más pobres cada día. Por ende, no pasando inadvertidos los errores, es muy fácil salir de la pobreza y es más fácil aun, que vivir hundidos en ella.

En el mundo en que vivimos, la pobreza puedo clasificarla en seis grupos: los pobres temporales, los pobres sin ambición, los pobres menesterosos, los pobres imbéciles, los pobres envidiosos y los ricos pobres. Todas las categorías de pobres, aunque parezcan ser diferentes, no lo son, debido a que todos sus problemas son muy similares, excepto los de los ricos pobres. Para salir de la infame pobreza en la que nos encontramos todos los pobres, debemos hacer las mismas operaciones: comprar, vender y trabajar. Porque si se compra y no se vende, no hay forma alguna de superación. Si se vende y no se trabaja, sucede lo mismo. A todo hombre que realice estas tres operaciones, no le acompañará ningún motivo para seguir siendo pobre.

Hay algunas obras de los ya famosos escritores que, nos reafirman que la economía individual es la base para adquirir riquezas, pero esas afirmaciones son inciertas, porque el dinero hay que ponerlo a trabajar. El humano es demasiado económico, se vuelve odioso y mal querido por los suyos y el público en general, porque llega al infeliz término de que no es ni para sí mismo; se vuelve egoísta, miserable y un tacaño sin precedentes, al grado de ser mordaz e indeseable por cuanto le conozcan y se queda solo y olvidado con todo lo que ha acumulado, tal vez a duras penas y con incontables sacrificios, a lo cual él llama su fortuna. El hombre para acumular una fortuna considerable, debe ser gentil, amable, cariñoso y bondadoso en todo momento y circunstancia. Debe ser una excelente persona.

Lector,

Si este libro te agrada, no lo prestes porque es seguro que no te lo devolverán y será muy difícil que lo consigas de nuevo debido a que las casas editoriales se rehúsan a publicar toda clase de libros que digan las verdades desnudas.

# Raúl Barraza B.

PALABRA, POESÍA Y MÚSICA.

Con estas líneas no intentamos hacer un completo guion biográfico del nuevo valor intelectual, pues él ya lo ha demostrado con sus anteriores trabajos que, con tanto encomio, ha recogido de los críticos voluntarios, pues Raúl Barraza, lleva las inquietudes en su espíritu rebelde y por ende, la acción en su pensamiento, pues en su trayectoria ha conocido la amargura de la vida, pero ha fructificado.

Ya es conocido como poeta del pueblo, pues en el fondo es un sentimental, quien solo escuchando sus canciones, ya en discos de 45 RPM y con varios intérpretes muy conocidos, se le podrá juzgar. Sus discos son: *Amor Hippy, Héroes de Durango, Amor Mexicano, La Flor de Chilicote, Corrido Chicano, Corrido Texano, El Corrido de Alfredo Nevares Corrales* y otros más. En sus libros están: *Versos de su Horóscopo, La vida de los ilegales en los EE. UU.*, sin olvidar este libro que está en sus manos: *¿Por qué somos pobres los pobres?* Amén de que en la actualidad está trabajando en la preparación de su cuarto libro.

# Los pobres temporales

LOS POBRES TEMPORALES POSEEN TODAS estas buenas cualidades antes mencionadas. Tienen en sus mentes, la idea de superarse y lo logran, porque ellos quieren el bien para ellos mismos, así como para los demás. Si en un año no logran su propósito, lo hacen al año siguiente. Este tipo de pobre es trabajador y honesto en todo y por todo, el casi ni parece ser pobre, pues en ningún momento lamenta la pobreza, solo habla del futuro como si en verdad lo conociera. Es optimista, afirma que triunfará. Que, si antes no le ha ido muy bien, es por los errores cometidos y dice que hubo mala suerte, pero que el próximo año todo será diferente y que sus ambiciones y añoranzas se verán cumplidas; siempre está envuelto en lo que augura buen éxito, como lo es: el trabajo, el comercio, la religión y la política. Tiene en sus manos el triunfo, ya que no es criminal, vicioso ni envidioso; solo es: optimista, honesto y trabajador, tiene en sus manos el triunfo.

# Los pobres menesterosos

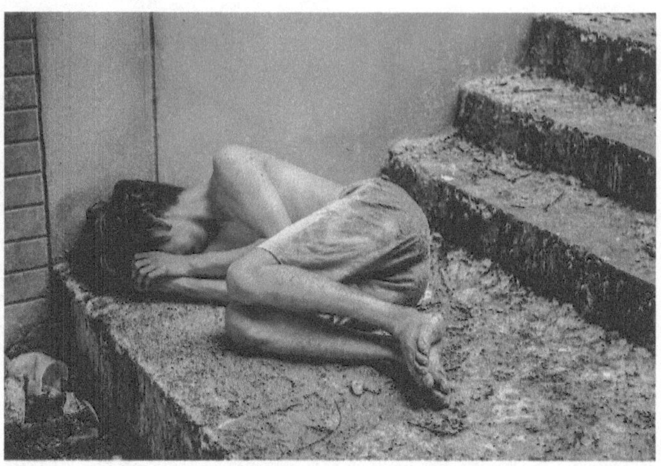

EL MÁS CÉLEBRE DE TODOS los pobres, es el menesteroso. Él cree a ciencia cierta que nació para ser pobre y por esa razón, es pobre de muy buena gana; y no es que no sueñe ni añore grandes fortunas, solo sueña, añora y piensa, pero su forma de pensar, le impide realizar sus añoradas esperanzas. Él es perezoso, siempre está de buena gana, hasta para pensar; y si bien piensa algo, no lo dice a nadie, ni tampoco lo hace. Él vive una vida de cuentos de hadas. De la única forma que él puede salir de su pobreza es con alguna buena oportunidad en la política o en algún arte que no requiera esfuerzos materiales o mentales, como el canto o la comicidad corriente.

Aunque todos los pobres sufren los mismos problemas de explotación, esta categoría de pobre está fuera de la lista de los explotadores de la pobreza, ya que a este infeliz no se le puede sacar nada, porque apenas solo consigue para mal comer; y de vestir, pues ni hablar, solo viste lo que le dan, sea esta ropa de su talla o no, él la adapta a su cuerpo, pero casi en todos los casos la ropa es más grande que la de su medida regular. A él no le importa el qué dirán, nunca critica a nadie y por esta razón, nadie lo critica a él. Vive su mundo fuera de críticas y sociedades.

# Los pobres imbéciles

Como su nombre lo afirma, son personas de pocos conocimientos, de muy precaria educación y por tal motivo, son vislumbrados por la cruel fantasía que existe entre la humanidad, la cual solo a ellos puede engañar porque ellos creen en todo lo que ven, lo que escuchan y lo que dicen los demás. Son tan insensatos que, creen hasta en los políticos y en los que adivinan la suerte; ellos creen en todo el mundo, porque ellos son incapaces de engañar a alguien. Por eso, viven sus vidas sumergidos en el engaño, el cual los convierte en esclavos de la pobreza. Llegan a viejos y entre más viejos más creídos, porque sus mentes son tan ingenuas que solo se han desarrollado dentro de lo falso, no conocen la verdad, esa es la razón por la que ellos creen en todo y en todos.

Aunque el nombre que se les ha dado parezca muy fuerte e inhumano, no lo es; porque buscando un nombre suave y del agrado de todos, es el más apto que he encontrado para ellos, ya que de ellos y solamente de ellos, es toda la culpa de ser cruelmente engañados, debido a que, en la actualidad, en todos los países libres, hay consejeros legales y publicidades también gratuitas que, tratan de ayudarlos con buenos y constructivos consejos para sus beneficios personales. Pero ellos no prestan atención a nada ni a nadie, porque ellos no quieren aceptar que viven equivocados. Para ellos, actuar como actúan y ser como son, es un verdadero placer y hasta defienden su forma de creer.

Bueno, el que por su gusto es rey, lo es sin reina ni palacio. Si alguien que los estima o por lástima, los aconseja queriendo hacerlos comprender que están en un equívoco mayúsculo, contrarrestan los consejos y dicen saberlo todo, y dicen que, aún saben más y defienden su posición diciendo que es su vida y que nadie debe entrometerse en sus decisiones, porque ellos saben lo que hacen, son nobles y rectos en llevar sus vidas, creen en el trabajo y en todo lo bueno, pero en lo que nunca han creído ni lo llegaron a creer, es en el valor de su dinero, el cual gastan a manos llenas atraídos por la fantasía y la falsa publicidad en la que ellos creen a ciencia cierta.

# Los pobres envidiosos

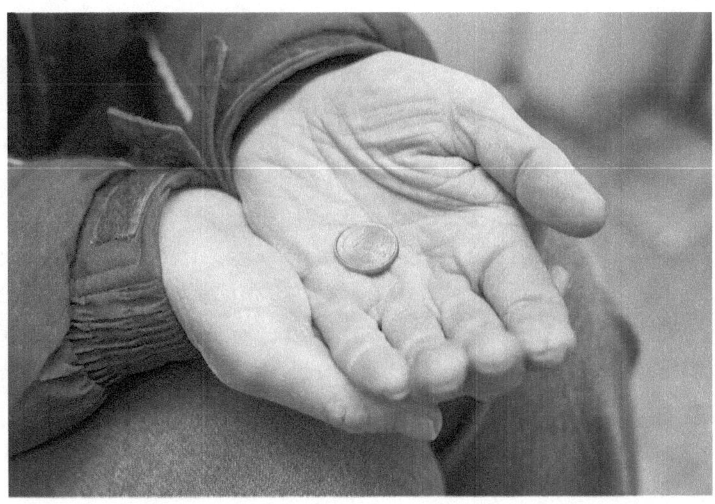

LOS POBRES ENVIDIOSOS SON TAMBIÉN equivocados mentales, solo que estos poseen creencias malévolas, son mil veces más terribles que la misma pobreza, porque si bien la pobreza causa hambre, desnudez, humillaciones y desesperación, no intriga ni destruye nada ni a nadie. Estos hacen eso y mucho más cada vez que quieren y pueden saciar sus malos y crueles instintos diabólicos, porque las mentes enfermas que poseen, solo piensan en destruir y nada más, razón por la cual viven sus vidas amarrados en la más cruel e infame de las pobrezas. La forma de pensar y de actuar del envidioso es ruin; él solo piensa en hacer mal a aquel que cree que es superior a él.

Cuando este humano llega a adquirir fortuna, la cual llega a poseer por alguna cosa oscura que ha hecho, esta fortuna adquirida la usa para hacer daño a los que él no quiere por el simple hecho de envidiarlos; por tal motivo, los considera sus enemigos y su único anhelo es el de destruirlos a como dé lugar. A este tipo de pobre es muy fácil identificarlo ya que, él opina mal de todas las personas, destruye árboles así como decidió abandonar su pueblecito lleno de ignorancia, de ornato, de prados y otras cosas. Escribe lo que piensa en las paredes porque no hay papel que aguante sus obscenidades: maltrata a los niños, a su esposa y los ancianos, así como a los animalitos domésticos.

Esta clase de pobre es la peor, pues ha unido la envidia y el odio. La persona es únicamente ruin, pero es quien se vuelve diabólico y sanguinario. Es muy rara la ocasión en que este ser humano se supera, la forma en la que él se siente, lo impide y lo incapacita de pensar algo bueno para su persona, su mente solo se ilumina para hacer mal y nunca para hacer el bien. Para él, hacer un daño o una intriga, es un gozo de gala, al igual que como para el poeta, el hacer un poema; él cree y piensa que todo lo bueno que hay a su alrededor debe y tiene que ser de él, si no puede adquirir y si puede, prefiere destruirlo. Es por eso que siempre es pobre y mal querido, porque también es pobre de alma y de sentimientos y demuestra su irónica malicia a la luz del mundo al convertirse en enemigo de todo aquel que se supera. Sus amigos son aquellos que sufren la miseria más que él, ya que su grande gozo es ver las penalidades de los demás.

# Los ricos pobres

Son en su mayoría, excelentes personas. Ellos no envidian a nadie ni destrozan nada, solo son seres humanos enloquecidos por la razón de haber acumulado una fortuna más grande que la fuerza mental que poseen y llegan a creer que el dinero es lo único que tiene importancia en la vida. Recuerdan lo que han tenido que trabajar para conseguirlo, llegando a la conclusión de que por ningún motivo deben gastarlo, sino seguir acumulándolo más y más.

A estos individuos, el público los confunde con los típicos menesterosos, porque muy a menudo se les ve buscando cosas en los botes de basura; sin embargo, ellos no buscan la comida sino artefactos que la gente, desconociendo su valor los tira y como ellos conocen que tienen algún valor considerable, los recogen. Los objetos son: radios, relojes, cobre, plata o simplemente latas de aluminio. Sus ropas son sucias y viejas como las de los mendigos, pero no de mala clase, siempre son a la talla de ellos. Andan aseados de sus cuerpos, rasurados y con un buen corte de pelo.

Si le ponemos atención a ellos, vemos que son unos mendigos diferentes, ellos cuentan a quienes les conocen, pues prefieren guardar ese aspecto mediocre para pasar inadvertidos por los ladrones, evitando ser asaltados. La desconfianza se ha apoderado de ellos de tal manera que, ni mencionan el dinero, mucho menos decir que lo poseen. Sus negocios los hacen sus abogados y su dinero lo guardan en los bancos, porque es dinero bien habido, hecho en los negocios y a base de esfuerzo y trabajo, sea que ellos son los dueños y nada más. Son honestos para comprar, nunca roban nada, solo que siempre reniegan por los precios; esto se debe a que ellos conocen y saben el verdadero valor de las cosas y también a que el dinero tiene un valor muy alto y estimado para ellos, ya que creen que el dinero tiene el mismo valor de aquellos tiempos en que ellos lo adquirieron. Ni pensar que un individuo de esta calaña ha de gastar un billete de más de cinco dólares, este solo gasta las moneditas y si bien gasta algunos billetes, son de pequeña denominación.

Son muy curiosos y rectos en llevar su vida; no protestan contra nadie, son callados y especuladores. En el mundo de la política, son flexibles; aunque su partido sea el de los ricos, si gana el partido contrario, si bien protestan, lo hacen en secreto, pues su voz nunca se oye a gritos. Son muy respetuosos de la ley y sea cual fuere el partido que toman, el mandato del país donde ellos viven, continúan obedientes a guardar el orden y obedecer las leyes tal como se les ordena. Nunca se sienten frustrados ante nada, esto se debe a la seguridad que les aporta su dinero. No son viciosos, ya que las frustraciones humanas se hacen agudas cuando se sienten crudas y malestares que les producen las drogas como el alcohol o cualquier otra, el siguiente día de haberlas bebido. Todo esto de llevar bien la vida los hace ser felices en su mundo de ricos pobres, aunque ellos se sienten ricos. La culpa de haberse convertido en ricos pobres, no es toda de ellos sino de la inseguridad en la cual vivimos en este tiempo de violencia que sufre la humanidad actual, la cual los ha convertido en ricos pobres. La vida de estos humanos no deja de ser interesante ya que son considerados pobres y tratados en esa forma. Los inquilinos de casas y apartamentos tratan a este dueño de la propiedad que ellos rentan como a un don nadie, pues creen que es el encargado del mantenimiento de la misma por verlo hacer las reparaciones y limpieza, ya que sus ropas eso demuestran y también el tipo de vida miserable que lleva donde es ignorado como el legítimo propietario, porque él así lo quiere.

Mientras todo el mundo presume de lo que no tiene, él no presume de lo que posee; se conforma con su incógnita de ser el rey inadvertido. Al igual que el menesteroso, nadie lo procura para explotarlo, y en todo caso, él no lo permitiría porque la actividad de toda su vida ha sido el de sacarle ganancia a los demás; por eso, llegó a acumular la fortuna que hoy posee y que lo ha convertido en rico pobre. Todos los pobres, sin excepción, tropiezan con el problema de la explotación, que es la que los hunde en la infeliz pobreza; excepto los pobres ricos que en verdad no lo son, sino que son ricos, ricos y los menesterosos, que son pobres, pobres. Ambos no son tomados en cuenta por los explotadores, por ser considerados pobres de remate. O sea que, en todas las sociedades existen los explotadores de la pobreza y el trabajo de ellos es ese: explotar a todo humano en el que ven en la posibilidad de sacarle alguna ganancia. El explotador reparte literatura verbal y escrita para convencer a sus víctimas, ejemplos reales y comunes son los de aquellos que gustan de beber bebidas embriagantes en la misma taberna que estos frecuentan; hay un explotador que habla hasta por los codos y hace chistes sobre aquellos a los que no gustan de la bebida, diciendo cosas divertidas y entre todo lo que habla, da coba al buen bebedor.

El cantinero, hombre audaz, desarrolla una tarea similar a la del explotador, se aprende nombre y apellido completo del desdichado bebedor y lo nombra con acento de inigualable grandeza, y este pobre hombre equivocado, que aún no ha conocido los resultados de sus desviaciones ni la causa de su cruel desgracia, hace caso de los halagos que le hacen y esta es la razón por la cual se vuelve más asiduo a la bebida y más pobres cada día que amanece. Los explotadores ponen sus ojos en los que dejan más provecho, pero todos los pobres son explotados sin conciencia por una cantidad de audaces, empezando por el que los emplea con sueldos de hambre, haciendo alarde de que les están haciendo un gran favor con darles el trabajo, pero nunca dice ni nunca llegará a aceptar que el favorecido es él, con que le hagan el trabajo y por tal motivo, haciéndolo más rico cada día. Claro que no se habla ni se incluyen a aquellos patronos honorables que pagan lo justo a sus empleados y les brindan buenas prestaciones que los protegen a ellos y sus familias.

Para todos los pobres es muy fácil salir de la pobreza, fijándose a quién le trabajan, a quién le compran y a quién le venden, debido a que comprar, vender y trabajar, es la única forma real para salir de la pobreza. En la vida cotidiana, no hay que pasar inadvertidas todas estas cosas que son las que nos empobrecen o nos enriquecen, según con quién, coma y cuando las hagamos. También hay que dar mucha atención para poder ver quien nos aconseja para explotarnos y quien nos explota para aconsejarnos. Cada clase de pobre tiene una razón psicológica para ser pobre y vencer el trauma que causa su pobreza, que es una forma real para salir de ella.

# Los pobres temporales

A LOS POBRES TEMPORALES SE les formó dicho trauma porque sus padres y demás familiares que convivieron con ellos en su infancia no pensaban como latinos, sino como anglosajones que, en vez de decir: "A ver qué pasa mañana", decían: "A ver qué pasa el año que viene". Este pobre creció en medio de gente contenta que no se preocupaba mucho del progreso, pues solo querían que el tiempo y la suerte trajeran las cosas; y, como al tiempo no se le puede exigir nada, solo había que esperar. Así se formó el principio de su vida que, es lo que más cuenta para todo ser humano. Ellos siguen creyendo que el futuro será mejor; así, pasan los años y siguen esperanzados en que el otro año será mejor; y en muchos casos, cuando hay esfuerzo de por medio, ven el fruto de su esperanza.

# Pobres sin ambición

Mientras que el pobre sin ambición, nació y creció con gente sin ambición, quienes no piensan en el hoy ni en el mañana, ni para el año que viene; que solo creían que dios lo hace todo sin antes ellos hacer el menor sacrificio para superarse; que el tiempo es solo la noche y el día; que la felicidad solo consiste en vivir en buena paz; que nunca hay que pensar ir más allá de donde sus ojos ven y nunca pensar en obtener más de lo que dios nos ha dado, porque es pecado. Este es el humano más feliz de todos y por tal motivo es el más bueno, cree en Dios y en el trabajo siempre y cuando no sea muy forzado. Él se contenta con lo que tiene, lo que le pasa bueno o malo no le disgusta, ni protesta por ello y dice que dios se lo mandó. Para él, hasta las penas amargas son dulces y dice que en la vida no solo hay placer, que también hay penalidades. Tiene un concepto muy elevado de la vida y de la muerte. Dice que la vida es para penar, sufrir y trabajar; y que la muerte es solo para descansar. Es pasivo y no le da importancia ni a los terremotos. Como que es el mártir de la humanidad, siempre habla de lo bueno que le pasa y por la humildad de su persona, es bien recibido y querido en todas partes.

# Pobres menesterosos

Mientras el pobre menesteroso es repudiado por su mal comportamiento, este piensa y actúa muy diferente que todos los demás pobres; él cree a ciencia cierta que ni el esfuerzo físico o mental deberían de existir. Para describir como es, debemos de mostrar a este célebre personaje realmente como es: soberbio, irresponsable y de lo perezoso, ni hablar, pues aquello es su mero mole. Con todo y sus defectos, no deja de ser humano y digno de compasión, ya que es alguien con traumas muy arraigados que lo hacen ser el hombre más desdichado del planeta Tierra. Es el que más difícilmente llega a comprender que está equivocado. La culpa de su incapacidad mental no es suya, sino de sus progenitores que cuidaron mal de él y todo lo aprendió en sentido contrario. Hoy es el único que carga con su desgracia de hacer cosas en contra de su propia vida.

En primer lugar, no aprendió higiene ni urbanidad; sin embargo, sí aprendió a robar, tomar y fumar. Como aprendió cada cosa siendo un niño, lo de tomar y fumar lo adquirió porque sus padres dejaban botellas de licor y cajetillas de cigarros abiertas sobre la mesa. Asimismo, como veía a papá hacerlo, él siempre creyó a ciencia cierta que esto estaba muy bien visto y por tal motivo, continuó haciéndolo.

¿Cómo aprendió a robar? Claro que porque también vio a los adultos hacerlo y para él robar, tomar y fumar, siempre fue la forma más adecuada para el humano de continuar su vida, según lo que él cree.

Muchos padres, sin querer hacerlo, conducen a sus hijos por este fatal camino, porque cuando andan de compras en las tiendas o supermercados, andan robando y se cuidan de que no los vean los dueños o empleados de dichos establecimientos; pero no del niño que los acompaña, a él no le dan ninguna atención. Este infante que todo lo mira y lo aprende no dice nada, solo ve y cree que lo que hacen los adultos, es lo que se debe hacer. De esta manera, arruinan la vida de las inocentes criaturas. Les enseñan la forma degradante de robar una cereza, una uva o tal vez un corta uñas. Entonces, este crece con esta idea y cuando llega a ser adulto, la repite sin temor, convirtiéndose en un menesteroso. En este problema humano tenemos algunas familias peor que otras, quienes creen que robar es ser inteligente, porque desde sus bisabuelos, a toda su generación le ha gustado lo ajeno. Esa es una razón real del porqué existen algunas familias que son más pobres que otras.

No importa quien sea, o cuál sea su raza; quien roba, nunca puede superarse económicamente. Es por eso que, el menesteroso pobre lo será por el resto de su vida, porque le destruyeron el principio de la dignidad y el honor. En muchos casos, hay menesterosos que son hijos de gente de bien, pero quienes cuidaban de ellos como niñeras o mozos de servicio, les enseñaron malos hábitos y esto es porque cuando los niños crecen, hacen cosas equivocadas contra la ley, la familia y la sociedad. Ellos solo imitan al que hace cosas fuera de lo común: imitan al que no se rasura, al que no se baña y muchas otras cosas más. Y así, cuando alguien le llama la atención a este adolescente, dice que en su vida, él manda y decide. Es pacífico cuando le conviene, porque sabe que, si protesta, encuentra opiniones adversas a su modo de pensar y a su forma de vivir.

Los problemas de todos los pobres son muy parecidos, excepto el de este, ya que a él nadie quiere explotarlo, pues a duras penas consigue para sus vicios que, es en lo único que él piensa. Él va en contra de pagar impuestos y también de pagar todo lo que consume. La ley trata de ser justa con este pobre humano, porque los que la ejecutan, saben que es un pobre humano equivocado que ha sido víctima toda su vida y que su mente está estropeada. En muchos casos, lo juzgan loco para hacer más corto el proceso legal; no obstante, estas mentes se enderezarían solo volviendo a nacer, y siendo bien conducidas ante la sociedad en su infancia.

# Los pobres imbéciles

Los POBRES IMBÉCILES SON AQUELLOS que han tenido muchas oportunidades de superarse y no lo han hecho por la única razón de ser imbéciles. El trauma de ellos no es ningún defecto que se les haya formado en su niñez, todos sus problemas ellos se los han buscado en su adolescencia y claro que, también sus traumas, bien arraigados, se les han formado por causa de su precaria educación. En su mayoría, los pobres imbéciles son gentes de condición muy humilde y en muchos de los casos, hasta campesinitos sin ningún conocimiento de ninguna índole que, se han incorporado a la sociedad como han podido. Para un joven de este tipo, es muy difícil incorporarse a la sociedad y cuando este logra hacerlo, se siente un rey y cuenta a sus amigos menos afortunados que, él se ha superado gracias a sus esfuerzos e inteligencia. De esa manera, continua su fábula y llega a creer que es una persona muy importante; sin embargo, su infeliz trauma ya lo tienen bien formado y cree a ciencia cierta que es rico y que su importancia se vislumbra por todos lados. Empieza a usar ropa de buena calidad que, nunca antes se había puesto y empieza a vivir como nunca había vivido, gastándose todo lo que consigue, en puras fantasías y como por tradición, las personas de escasos conocimientos son honestas y rectas para conducir sus vidas. Ellos no gustan de robar ni hacer daño alguno, son locos pacíficos, honestos y trabajadores; esa es una de las razones primordiales por la que la gente de buena posición económica, les brinda muchas oportunidades para que salgan de la pobreza, pero ellos todo lo pasan inadvertido y llegan a la vejez sino al fin de su vida, tan pobres como empezaron.

A veces cuentan las maravillosas oportunidades que tuvieron y hacen chistes de ello porque aun en la pobreza en que se encuentran, se sienten ricos. Creo que este tipo de pobre, de alguna forma, es feliz, porque para él, el dinero es algo sin importancia y le da más placer gastarlo que guardarlo, pero sus cualidades de buen samaritano, siempre las posee; le gusta hacer favores y da su vida por la de los demás. Estos tipos de pobres tienen más historias que ningún otro personaje; ellos han encontrado tesoros y los han regalado, se han sacado la lotería y han repartido el dinero que han recibido de herencia y también han regalado todo. Estos en su pobreza se sienten millonarios y muy contentos. La grandeza se les ha formado en la mente; por tal motivo, no pueden nunca llegar a comprender que son unos pobres imbéciles. Por tal motivo, este pobre siempre es víctima de los explotadores, los cuales cada día lo hacen más imbécil para sacarle más provecho. Este pobre cree todo lo que le dicen y lo que le anuncian debido a que, es incapaz de engañar a nadie, pues no conoce lo que es engaño y esta es la razón por la cual él es pobre e imbécil.

# Pobres envidiosos

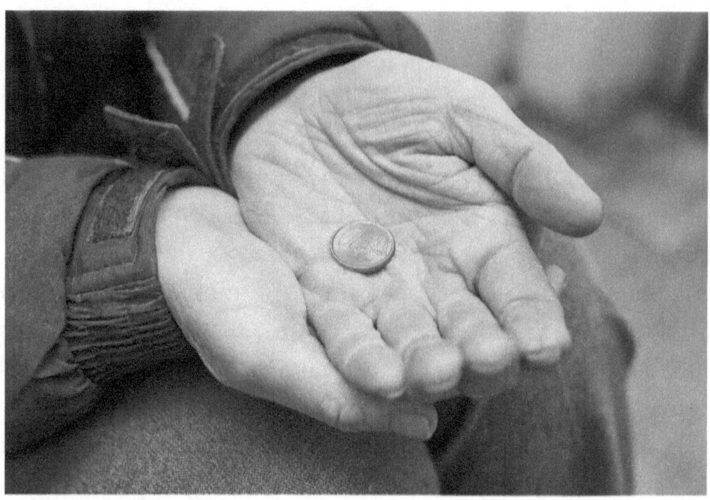

Los pobres envidiosos son dignos de lástima, porque sus mentes mediocres no le permiten pensar en ellos, ni en su progreso, sino en hacer daño a los demás. Ellos pueden ver muerto al rey y su palacio caído e incluso así, no quedarían contentos. En lo particular, considero al pobre envidioso como un loco peligroso, si habla es para intrigar y si actúa es para destruir. El envidioso también trae su trauma de su niñez porque fue un niño maltratado, tal vez por los adultos o por sus hermanos mayores que, le quitaron sus juguetes y tal vez su comida. Su importancia para defenderse lo hizo coger esa imbécil y ruin actitud de odiar a todo ser viviente. Si a un pobre envidioso se le pidiera su voto para destruir al mundo, él votaría a favor, olvidándose de que él también es parte del mundo y de la humanidad. Esta es la razón por la cual lo catalogo de loco peligroso; y no es peligroso porque tenga instintos de asesinar, pues él no asesina dando muerte como lo hace el loco cobarde; él asesina con su intriga, pues tiene más veneno en su boca que mil serpientes de la India. Todo el rencor que tiene hacia los demás le hace olvidar que hay que dar buenas opiniones de las demás personas y esperar a que sean los demás quienes le alaben a él. Este tipo de humano no hace todo el daño que él quisiera hacer, porque las mismas sociedades imposibilitan sus deseos, ya que no le brindan ninguna oportunidad para que se supere ni en política, religión, ni como para las demás actividades como lo es el comercio y las artes, donde se necesitan mentes sanas, pues sus deseos de ser personaje son completamente nulos.

# Los pobres ricos

Los POBRES RICOS JAMÁS PODRÁN salir de su forma de ser, ni de pensar, porque las emociones que brinda el dinero, son completamente irresistibles. Si en alguna ocasión él llegase a pensar diferente, de inmediato borraría eso de su mente, por imaginarse que le podría llegar a costar algún dinero. Esta clase de humano, solo sufre las humillaciones que él mismo se busca, pero nunca pasó frío ni hambre como lo sufren algunas de las otras categorías de pobres. Ser rico es un verdadero y único placer; pero ser rico pobre, es un placer a medias. De esta categoría de pobres, no hay mucho que contar, ya que su silencio y su indiferencia hacia el público solo brinda casi puras imaginaciones, pero al ver a este individuo tan optimista, hablar pocas y puras verdades, da la completa impresión de que es muy feliz en su mundo de incógnitos y de miserias a su agrado. Quien los reconoce y convive con ellos, tiene magnífica oportunidad de saber más acerca de la vida de estos célebres personajes. No obstante, con todo eso, no es mucho lo que se puede saber de ellos, porque casi todo lo callan; por eso, es casi desconocida la vida de estos humanos por el público. De la forma que se ha llegado a saber lo poco que se sabe de ellos, es por parte de sus familiares y amantes descontentos que lo han divulgado y también por uno que otro periodista que, con los deseos de escribir algo interesante y desconocido, se ha metido hasta donde no han sido llamados. Sin embargo, lo único que hasta hoy hemos sabido de los pobres ricos, es que le tienen más amor a su dinero que a su propia vida y que, si los pusieran a escoger entre su vida y su dinero, preferirían su dinero. ¿Cuántos pobres ricos hay en el mundo? nadie lo podría saber; pero quien se lo imagine, tal vez sí, porque un 50 por ciento de los ricos, son ricos pobres.

# Todos los pobres

CASI TODAS LAS CATEGORÍAS DE pobres, son muy perseguidas por los explotadores de la pobreza, excepto los menesterosos y los pobres ricos ya que, a estos los catalogan de mendigos. A todas las otras categorías de pobres, de los cuales creen sacar ganancias considerables, les venden hasta aquellos artículos que no necesitan. Es por ello que, los hacen más pobres cada día que amanece. Los vendedores no escatiman gastos para anunciarse en revistas, periódicos, radios y televisión. Los anuncios dicen que, consumiendo los productos que ellos venden, ahorran mucho dinero. Quienes hacen caso de estos anuncios son los pobres que, por desconocer precios y calidades, solo se basan en lo que dice el locutor o el audaz cronista, quienes son pagados para engañar y no hay que culparlos, pues ese es su trabajo y el único medio de ganarse la vida. El pobre, sin fijarse, es quien gasta más dinero de la peor forma. Esa es la razón por la cual está pobre, pues es quien paga más altos precios por todo lo que consume, empezando por la ropa fuera de moda que usan, hasta el papel higiénico. Todo su dinero se lo quitan en una forma u otra; empezando por la religión, a la cual este pertenece, donde pagan diezmos debido a que, los cabecillas afirman que Cristo las impuso, de las cuales a las causas nobles de las religiones les queda muy poco o nada, pues todo se dirige a los audaces explotadores de la pobreza. Claro está que no incluimos a las religiones que actúan con honorabilidad y ayudan a las causas humanitarias; no obstante, no sé cuáles son las unas ni las otras, ni tampoco las juzgo, pues solo espero que las premie o castigue Dios, que todo lo mira.

Después siguen los impuestos de los gobiernos que, cuando son exagerados, también arruinan la economía individual de las personas. Luego siguen las ayudas sociales y muchas cosas más, sin faltar un sinfín de limosneros con caras lastimeras que hacen guardia en cada esquina por donde el pobre transita. Mi consejo es que, si se da limosna, se de a quien en verdad la necesite, pero con medida, para no pedirla después; asimismo, ayudar a instituciones reconocidas gubernamentalmente o a instituciones como la Cruz Roja y otras, porque estas instituciones ayudan a curar el hambre y el dolor humano. No obstante, no es recomendable, pero nunca, darle limosna al que trae un botecito que solo quiere que se lo llenen de dinero para sí mismo. Es necesario dar mucha atención a todas las instituciones que exigen al hombre cuotas que ellos no pueden dar, asegurarse que todo lo que se regale sea espontáneo y no obligatorio; asimismo, no derrochar poniendo atención a lo que se da, pues esta es una forma de salir de la pobreza, reconociendo que quien te pide y nada te da, no está diciendo la verdad y solo te quiere explotar porque ser rico no es un arte, pero sí la audacia de no dejarse explotar fácilmente.

Debemos reconocer que, el ser pobre es un sacrificio al cual nos sometemos por nuestro gusto y que, si somos veraces con nosotros mismos, llegamos a comprender que estamos pobres, pues la culpa es nuestra y nada más porque cuando hemos tenido la oportunidad de acumular riquezas a manos llenas, las hemos gastado de igual forma. Casi todos los ricos en su mayoría, antes fueron más pobres que, como hoy nosotros lo somos; sin embargo, ellos fueron más audaces que nosotros, dieron atención a todos los pormenores y malos tiempos que nos proporciona el destino, jamás se dejaron lavar el cerebro por los, siempre, audaces explotadores y de esa forma se superaron. Esa es la razón por la cual el rico que, antes fue pobre y llegó a ser rico, se vuelve incrédulo y desconfiado, porque sabe a ciencia cierta que, si se deja engañar, se vuelve pobre otra vez. Casi en ninguno de los casos, el rico que antes fue pobre, vuelve a serlo, pero en viceversa; el que fue rico de cuna, en muchos de los casos, se convierte en pobre y menesteroso. No hay ninguna razón para que ningún humano con sus capacidades físicas y mentales completas, continúe siendo pobre, solo basta con mirar y reconocer sus errores. De esa manera, este podrá cambiar el rumbo de su vida de una forma maravillosa. Debe reconocer que, seguir siendo pobre es un error mayúsculo e imperdonable ya que, en un sistema democrático como en el que vivimos, el hombre trabaja para su persona y no para el sistema político de su patria.

En este suelo en que vivimos, hay mucho de todo y para todos. Es muy fácil conseguir lo que queremos y se llega a donde se quiere. Asimismo, para no tropezar con ningún obstáculo, solo hay que tener fuerza de voluntad, pero nunca olvidar que, para progresar hay que luchar y que, para conseguir lo bueno, debemos sacrificarnos de alguna forma. No todo es gozo en las luchas del progreso porque tenemos que someternos a ciclos de austeridad, gastando estrictamente en lo que necesitamos y nunca gastar más de lo que ganamos ya que, el humano vale por lo que tiene y no por lo que gastó. Debemos procurar gastar solo en lo que requiera su salud y no pasar por alto tener una buena alimentación. Con estas cosas, el humano se vuelve más audaz y calculador y por ello, esto lo lleva a mejorar y su talento se desarrolla en pleno y en tal caso, su tarea de progreso le es mucho más fácil. Hay que reconocer que, con lo que el pobre se deja quitar o explotar, le sobraría para hacerse rico; en dos años podría salir de su pobreza rápidamente, siendo cauteloso y celoso de su bolsillo. En ningún momento aconsejo ser miserable, por nada y para nada, sino lo contrario, ser espléndido por todo y para todo ya que, esto brinda al individuo muchas más oportunidades y satisfacciones personales. En muchos casos, al humano no se le puede exigir ser esplendido ni tampoco que sea miserable, porque el humano actúa según donde haya vivido la mayor parte de su vida. Las personas que han nacido y vivido en la opulencia, por lo general son esplendidas, mientras que los que han nacido y crecido en la miseria, son miserables, pero se puede cambiar si se quiere el progreso personal.

Aun siendo pobres, las personas que viven en las zonas agrícolas, industriales o de mar abierto, donde abunda la pesca; o sea, donde hay mucho que comer, son bondadosas, mientras los que viven en los desiertos y serranías son miserables, porque allí no hay nada que el humano necesite o pueda usar. Tal vez si alguien quisiera piedras o arena, estos pobladores la darían de la misma forma que los de las zonas ricas reparten la comida. Casi todos los humanos nos parecemos en la forma de pensar y de actuar, pues todos lo hacemos según nuestras necesidades. Podemos regalar un pedazo de pan si nos sobra y podemos dar la vida por este si nos hace falta. Somos buenos o malos según el medio en que vivimos y las circunstancias en que nos encontramos en nuestra época. En este tiempo se nos cataloga por color, pero en verdad, todos somos iguales ya que, somos y representamos una sola raza: "la raza humana". Lo único que nos hace diferentes es la inteligencia, el sentir y el actuar.

Sin embargo, la civilización que ha alcanzado la humanidad, nos divide en castas y clases sociales. Los que han estudiado y conocen los adelantos existentes, se sienten poderosos e inteligentes; y, los que no conocen nada, se creen inservibles e incapacitados. Es por eso que, actualmente, se respeta mucho a los hombres de ciencia, porque de ellos depende el progreso de cada nación. Esa es la razón por la cual los ciudadanos de cada país, escogen al hombre que consideran más inteligente para que los gobierne y guíe con una mayor visión hacia el progreso. Todos, en mutuo acuerdo, van a las urnas a dar su voto para que este hombre noble y bueno, los guíe hacia un mejor futuro. En los días de elecciones, todos gritan: "¡Viva el rey!", como si estuvieran viviendo en los tiempos bíblicos. Y cuando ven que se han equivocado y que, a quien escogieron no sirve, de la misma forma en que gritaron: "¡Viva el rey!", ahora gritan: "¡Que muera el rey!". La razón de ello es que, hemos alcanzado un grado de civilización muy alto y ya no se nos puede engañar tan fácilmente porque sobra con saber leer para enterarnos cómo están actuando nuestros gobernantes ya que, nuestra prensa solo se preocupa por decir la verdad e informar a sus lectores. De esta forma, nos enteramos cómo anda el manejo de nuestro país, pues ahora la mentira camina despacio y la verdad la alcanza y desmiente. Por ende, los pobres que no saben leer, tienen menos oportunidad de superarse ya que, las noticias de la radio y la televisión se las lleva el viento, pero nunca las de los periódicos que, son cartas abiertas que nos hacen conocer el mundo en que vivimos. De esta manera, se nos brinda la oportunidad de saber cuál es el rumbo que debemos tomar. Toda persona bien informada, rara vez se equivoca, pues sabe de memoria lo que hace daño y lo que causa problemas a su salud mental y corporal. Por esa razón, este tipo de persona recurre a lo que es alcohol, la droga y la prostitución ya que, es sabido de sobra que, quien ejerce estas ruines actividades es y será un pobre y empedernido vicioso que, no podrá ir más allá de donde está la botella de licor.

Con respecto a la droga y el alcoholismo, los grandes hombres de ciencia han afirmado que es una enfermedad y no una desvergüenza. A pesar de que, a ellos no se les debe discutir, porque ellos lo saben todo y tienen autoridad en su palabra; yo afirmo lo segundo. El hombre vicioso es un desvergonzado que usa los buenos sentimientos del resto de la humanidad para poder seguir bebiendo y causando estragos. Tal vez sí sean enfermos mentales; sin embargo, los alcohólicos y drogadictos no son ningunos enfermos, porque cuando este humano no tiene drogas ni alcohol, no le pasa nada. Yo he probado algunas drogas y he tomado mucho alcohol y sé que el efecto es agradable, pues se siente uno con más valor y más seguro de sí mismo. No obstante, cuando el efecto pasa entra un miedo terrible; es por ello que, hay que tomar más para volvernos a sentir muy machos. El hombre que se alimenta bien y duerme bien se siente así todo el tiempo y el vicioso, al principio de su carrera en el vicio, se siente avergonzado y se abstiene un poco, pero cuando ya pierde toda la vergüenza, le entra de lleno y se vuelve una escoria humana y el valor que siente es solo momentáneo porque no es real. El humano no necesita de ninguna droga, ni menos del alcohol que es el que más destruye al hombre, porque la euforia es instantánea y en vez de suavizar y prolongar la existencia, la acorta. El que cree necesitarlo, continuará pobre y más pobre toda su vida; pero, si practica higiene, urbanidad y honestidad, puede superarse en el área que sea; porque un individuo que es bien portado, es bien tratado. Con nuestros sentidos completos, podemos ver lo que es bueno, lo que es malo y lo que es peor. Los drogadictos y los distribuidores de drogas, afirman que el humano es más listo y hace más cosas cuando ingiere drogas; pues esto es una cursi y negra mentira. Es cierto que el humano, cuando está drogado hace más cosas; sin embargo, todas las hace mal hechas.

Desde el principio de la humanidad, se ha afirmado que unos necesitamos de los otros y que por tal motivo hay que tratar bien al prójimo para que este nos trate de igual forma, pero el vicioso lo que hace es maltratar a todo el mundo. ¿Dónde está la comprensión hacia la humanidad de parte de estos individuos? Todo les es adverso, como lo es también su vicio que, cada día los hace más pobres en todo sentido. Por eso, existen sociedades y la buena gente ya que, teniendo amigos de bien es más fácil continuar por la vía del progreso y por esta maravillosa razón es que es más lindo vivir. Los amigos son como todas las demás cosas; si una persona es de bien, de esa misma clase de gente serán sus amigos. Aunque físicamente los humanos seamos iguales, nos separa y nos une nuestra forma de ser: los buenos con los buenos, los malos con los malos y los peores con los peores. No vayamos muy lejos, solo miremos a nuestro lado y veamos a cada oveja con su pareja: el borrachito con el borrachito, el criminal con el criminal y a la prostituta con su comadre que, también sabe tostar las habas; sin dejar, claro, de admirar al hombre bueno y honorable con gente de su clase y estilo. Por todo esto, uno debe procurar ser mejor hoy que, ayer y mañana mejor que, ahora, debido a que, es nuestro diario vivir: todo se mira de manera clara sin que uno lo quiera.

Ser igual que los buenos es la mejor forma de continuar, no presumiendo ser más de lo que en verdad somos, procurar que todo sea real y no falso. Hay personas que quieren presumir de ser espléndidas cuando, en verdad, son miserables y con su farsa lo que hacen es empeorar su situación y la de los demás. Ellos no dan limosna si la publicidad que van a obtener por dicha limosna no es más grande que la limosna que han dado. Dan limosnas a los vagos y viciosos que piden en las calles, no porque compadecen al pediche, sino porque están a la luz pública, donde ellos creen ser admirados por el público. En verdad, su obra es malintencionada porque lo único que logran es hacer más pobre y más vicioso a este desvergonzado humano. Las limosnas, como todas las otras cosas de bondad, son buenas cuando se hacen de todo corazón y sin esperar nada a cambio. Cuando a una persona le sobra el dinero y quiere ayudar a los demás desafortunados que ella, pues debería dar sus donaciones a las instituciones que luchan contra el hambre de la raza humana; si no es de su gusto hacerlo así, debería de dar de comer al que pide, ya que dar un pedazo de pan a un humano mendigo, le es de más provecho que todo el dinero que se le pudiese dar. El dar limosna, aunque parezca una obra piadosa no lo es, si no se sabe a quién y cómo darla, porque hay muchos audaces que piden para los pobres, y hay muchos pobres que piden para sus vicios, ambos limosneros son iguales de desvergonzados. Tenemos ejemplos muy dolorosos y vergonzosos de cómo usan al pobre los audaces para enriquecerse con la limosna que la gente da con el corazón. Recordemos, entonces, cuando hubo inundaciones o terremotos, donde hay infinidad de personas que aprovechan estas desgracias humanas para enriquecerse; por ello, hay que saber cómo y cuándo poner en práctica nuestros sentimientos, para no ser víctimas de los explotadores. Hay miles de pediches en todas partes; unos usan portafolios, otros un botecito como un escudo piadoso y algunos otros un costal. Los hay fuera de las iglesias y dentro de ellas, en las calles y establecimientos, en ciudades, pueblos y ranchos; ellos recorren hasta el último rincón donde haya un imbécil que de limosna. Hay muchos limosneros que solo de la limosna recibida, se hacen ricos. Los que traen el botecito, solo andan empezando su negocio y los que traen el portafolio secretario y tesorero y su libro de cuenta bancaria, ya son profesionales y cuando ya son ricos, hacen rifas, bailes y vendimias para ayudar a los pobres, pero es puro cuento, pues es para su beneficio personal. Entonces el que les cree es el que nunca podrá salir de la pobreza, porque les da lo poquito que consigue y su noble intención de ayudar a quien en verdad lo necesita se ve fracasada porque el audaz se lo ha embolsado todo lo que se le ha dado.

Cuando una institución gubernamental solicita ayuda hay que darla, porque ella si hace algo por ayudar a los que han caído en desgracia, aunque hay casos en que el gobierno de tal o cual país, se embolsa lo que le han dado; pero de una u otra forma, es este quien carga con las consecuencias de las desgracias ocurridas. Todas las personas pueden estar seguras de que cada vez que sacan un centavo de su bolsillo y no reciben nada en cambio, hay que estar seguros que en verdad hemos hecho una buena obra y no cometer el error de darla equivocadamente. Hacer caridad es una obra magnífica cuando se hace bien intencionada. Quienes creemos en dios, sabemos que él nos recompensa las buenas obras y nos castiga las malas. Está comprobado que el que actúa bien, siempre es dueño de todos los buenos éxitos en cualquier actividad en la que desarrolle. El ser bueno y espléndido es un éxito personal ya que, cuando usted invita a sus amigos a comer en casa o hace regalos en ocasiones oportunas, ellos hacen lo mismo con usted. Cuando una familia, amiga suya, viene a vacacionar a la ciudad donde usted vive y usted es amable y bondadoso con ellos, cuando usted va a sus casas, ellos son como usted fue con ellos; si su situación económica es mala y usted va en busca de trabajo, ellos le ayudan en todo y por todo. Es por eso que un regalito siempre es bueno darlo, para demostrar lo que uno siente por la gente, y actuando así, el humano nunca es completamente pobre, porque todos sus amigos quieren ayudarle. De igual forma, cuando se va a pedir un favor a un influyente, un regalito de un peso le puede ahorrar cientos de pesos; y si bien, el ahorro no es exagerado, de todas formas el favor que se pide, nunca es negado. Claro, es que todo se hace con discreción porque cada vez que se hace algo con segunda intención, hay que llevar una sonrisa de oreja a oreja para que nada parezca falso ya que, saber valorar las ideas y el dinero, es una forma de salir de la pobreza. Claro está que quien no sabe valorar las ideas y las cosas, siempre será pobre porque los explotadores persiguen a esa gente, porque claro está, estos les dejan una ganancia considerable.

Para salir de pobres, siempre hay que tomar en cuenta que no hay que dejarse engañar por ninguna persona, pues si se deja engañar, será explotado y uno es quien debe tomar todas las iniciativas tanto para comprar, vender, pedir o regalar. Si alguien ofrece vender, claro que la víctima es quien compra lo que necesita y cuando alguien le ofrece a uno comprar, claro está que él será el beneficiado, porque ya lo ha figurado todo. En lo sucesivo, todo es igual, cuando alguien quiere vender algo a alguien, primero le cuenta la calidad del artículo y después le ofrece un gran descuento; si el comprador es listo y no se traga el cuento del descuento, el vendedor le dice que le dará el artículo más barato que el precio de costo. Quien cree esta fábula sin ninguna protesta, es engañado. Hay muchos ejemplos que se pueden enumerar, pero la idea de la obra no es poner listos a los explotadores, sino a los explotados. Uno de los ejemplos más comunes es el del crédito a largo plazo o a corto plazo. Los explotadores de la pobreza pregonan a diestra y siniestra, las grandes garantías que tiene una persona de buenos créditos.

Claro está que, en lo de los créditos no se incluye a comerciantes que, por la fuerza, deben aceptarlos para no ser chantajeados con malas mercancías, pero el pobre no tiene por qué obtener ningún crédito; sin embargo, le hacen creer que una persona sin créditos no puede vivir cómodamente y los explotadores les dicen que, para ayudarlos a ellos les consiguen los créditos que necesitan, cuando en verdad lo que están haciendo es ganarse fabulosas comisiones. Asimismo, para que el pobre se trague el anzuelo sin protestar le dicen que, por los primeros tres meses, no pagará intereses. Con esta cruel y malévola fábula, el pobre no protesta si el audaz vendedor le fía hasta lo que no necesita y una vez que el pobre empieza a escoger los artículos que pedirá fiados, el vendedor le repite el nombre un sinfín de veces y con acento de grandeza, a la vez que le menciona que su crédito es excelente, que en esa sucursal o tienda él es el que tiene mejor crédito. Ya una vez que le ha fiado todo lo que el pobre ni soñaba comprar, se va a la oficina a cobrar sus comisiones y ni se despide de este. El pobre comprador también se va muy contento. Al vendedor no le importa si es que su cliente tiene o no problemas, lo que buscaba lo obtuvo, que era lo de sus comisiones que era lo único que le interesaba. El pobre comprador también se va muy contento a su casa, porque al fin tendrá lo que él y su familia habían soñado, y así pasan los tres meses en su lindo sueño, hasta que empiezan los pagos y la pesadilla les dura largos años, aunque lo que les hallan fiado no sirva para nada; él oyó sonar su nombre como nunca antes lo había oído y esa fue una de las únicas y dulces satisfacciones, porque las demás serán amargas penalidades. En muchos de los casos, este creído comprador, adquirió algún artefacto que cuando llegó a su casa, no supo cómo ponerlo a funcionar y empezó a querer adivinarle a los botones hasta que lo quebró y regresa a ver a su amigo el vendedor para hacerle reclamo, pero este ya ni lo reconoce y mucho menos le hace caso.

Claro está que, estos casos bochornosos no cuentan las tiendas y empresas de buen nombre, a quien las llamo así porque les tengo temor; pero en fin, el pobre comprador se conforma con su mala suerte, no reclama nada y sigue pagando lo que compró y que para nada le sirvió. Pasa el tiempo y el pobre sigue creyendo que el obtener créditos es indispensable y llega a deber tanto que, lo único que le queda es entregarle su vida al trabajo para pagar peso a peso; pero aun así, el explotador no le ha perdido de vista, pues ya cuando es mucho lo que le debe este pobre, le dice: "Mira, buen hombre, ya son muchas las cuentas que debes y yo puedo arreglarlo para que solo tengas una sola cuenta, si quieres yo me hago cargo de este asunto y tú solo harás un pago por medio de mi compañía". Pues este otro favor, le cuesta al pobre igual que los que le había hecho antes con darle crédito, porque si bien antes podía ir al cine una vez al mes y tomarse una cerveza de vez en cuando, o comer carne una vez a la semana, que mejor se olvide de las buenas costumbres, porque su dinero ya no le alcanzará ni para fumarse un cigarro de mala marca. Todos los engaños que le hicieron como el de que no pagaría intereses, ni daría pagos los primeros tres meses, eran solo para hacerlo entrar al mundo del crédito que, es lo que más dinero da a los explotadores de la pobreza y por consiguiente, lo que hace más pobres a los pobres. Si al pobre ya le es imposible pagar, le aconsejan que se vaya en bancarrota, pues para ellos lo importante es recolectar su dinero a como dé lugar. Al fin y al cabo, si el pobre acepta, los seguros se les pagan a ellos y el pobre se vuelve más pobre porque hasta sospecha de él como un tramposo y, por tal motivo, su récord de allí en adelante es de hombre deshonesto. Esto le pasa después de haberle recogido todo lo que era de alguna utilidad.

Todo esto y mucho más nos pasa a los pobres que llegamos a creer que es bueno obtener un crédito, después de que les hacemos el favor a quienes nos dan un crédito de llevarnos sus viejas mercancías haciéndoles lugar para las nuevas que les lleguen, quienes con todo y esto, no quedan contentos y nos cobran como si hubiese sido oro el que nos fiaron y no basura que, si nosotros no nos llevábamos, los tendrían que tirar o venderlos en tiendas donde se vende lo usado o de mala clase. Esta es la razón por la cual hay que abstenerse de aceptar créditos y esta es la forma más excepcional de no ser explotados ya que, una vez, habiendo firmado un contrato, hay que cumplir con este y nada más. La gente más pobre y sin ninguna oportunidad es aquella que, acepta todo lo que le fían. En verdad, las oportunidades de crédito son, fácilmente, la forma más descarada de explotar al pobre y la única forma en la que él se puede defender de todo esto que va en su contra que, es de carecer de las cosas temporalmente y comprarlas al contado, pues así les costarían mucho menos y también se ahorraría los altos intereses, y si por alguna circunstancia superior a nuestra voluntad, nos hacen caer en las redes del crédito, entonces hay que ser como Santo Tomás: "Ver para creer y probar para comprobar, nunca creer en los anuncios que nos hacen ya que en ellos solo se repiten la verdad que se necesita decir para engañar". No se deben aceptar artículos parecidos a los que se han ofertado en los anuncios, sino exigir lo que uno quiere y le conviene, y no aceptar lo que le quieren vender. Los créditos son buenos cuando estos son para beneficio personal y no para la compra de fantasía. El crédito adquirido para la compra de propiedades es magnífico, pero siempre es necesario ir a sabiendas que el único anhelo de los vendedores son sus comisiones.

En muchos de los casos lo que nos conviene a los pobres, es buscar los artículos de medio uso o usados, excepto ropa y comida, centrémonos en buscar todo aquello que necesitamos que está fuera del comercio de primera clase ya que todos los artículos que no están en las bellas tiendas son buenos y su costo es muy considerado. El artículo ya fuera del mercado, o bien sea fuera del anuncio comercial, cuando está en manos del público y sea cual sea, es mucho más barato de comprar y dan el mismo servicio que uno nuevo. Es una forma de ahorrar en gran escala y nunca pasar por inadvertido que, cada vez que uno hace una inversión grande o pequeña, es adelanto o fracaso económico, según haya sido el trato hecho en dicha compra.

En el mundo hay muchos más pobres que ricos, claro está y es de sobra saber que, en esto de la pobreza, lo mismo da en adultos y jóvenes. Sin embargo, a los jóvenes les es perdonable la pobreza, porque ellos tienen sus mentes inmaduras y aún no han sido desarrolladas; ellos creen que lo saben todo y se creen muy inteligentes, pero por su ignorancia, pasan desapercibidas muchas cosas. Por ejemplo, el varón cree que sus padres y demás adultos no saben nada, por eso, él no escucha los consejos sabios de los adultos y malgasta las energías y su dinero, pero cuando este llega a la mayoría de edad, pide consejos a los adultos cuando ya su mente es lo bastante sabia para saber que está equivocado, pero en fin, este varón solo gasta quince o tal vez veinte años de su vida, mientras la mujer malgasta toda su vida cuando esta no piensa bien en su juventud, porque la mujer tiene sus atractivos femeninos hasta los treinta o treinta y cinco años y si ha desaprovechado todo este maravilloso tiempo y esta hermosa juventud, se queda sola y desamparada, enferma y fea y ni siquiera llega o a conseguir un esposo que le acompañe en su vejez y como dice el dicho: "A los veinte con quien quiera, a los veinticinco con quien sea y a los treinta, con quien venga"; esa es la razón por la cual las mujeres se quedan sin nada si no son audaces. Por eso se dice que, en el mundo hay muchos más tontos que vivos, pero hasta los tontos podemos hacernos audaces si nos fijamos en los pormenores del mundo en que vivimos. Los ricos que son veraces, cuentan todas las privaciones que han sufrido para hacer sus fortunas. En verdad para hacer fortuna, pues hay que privarse de muchas cosas; en primer lugar, de lujos innecesarios, pues claro está que, no todos podríamos llegar a ser ricos, pero si podríamos alcanzar a vivir una vida con un poco de felicidad llegando a tener para comer dignamente y vestir de la misma forma.

Llevar una vida bien vivida es bonito para que, cuando nuestras energías y juventud se acaben, se pueda tener el medio económico para no tener que soportar órdenes de nadie y tener lo indispensable que nos permita reposar nuestros últimos días de vida. Para lograr esto, hay que poner mucha atención a nuestros días de juventud que son más largos que los de la vejez, solo con usar nuestros cinco sentidos en buen orden y no tratar de engañarnos a nosotros mismos. Todo lo que añoramos o tal vez una parte de ello, lo podríamos lograr, todos los humanos somos muy parecidos en la forma de actuar y de pensar y cuando vemos a nuestros amigos triunfar, tratamos de imitarlos, claro está que esta es una forma de corregir nuestros errores, porque si tratamos de imitar al que progresa vamos por un excelente sendero, empezamos a usar nuestra audacia y actuamos con cautela; usamos nuestros recursos de sabiduría para igualarnos o superar a nuestro amigo ya superado. Si la envidia de ver a nuestro amigo en buen estado económico se nos acompaña con ambición y no con odio, nos es más fácil progresar porque nos esforzamos hacia el progreso, porque fuera faltar a la verdad decir que no sentimos celos y envidia al ver a uno de nuestros que se supera y si desechamos este fenómeno humano, nos engañaríamos nosotros mismos. La envidia existe en casi todos los seres humanos, pero no siendo destructiva, es buena porque nos hace llegar a comprender nuestra incapacidad y por tal motivo nos esforzamos para superarnos. Hay unas personas que dicen no sentir envidia alguna, pero esto es falso, solo que hay una envidia de superación y otra que hace daño, la primera es buena, la segunda es mala, quien siente la primera, se supera. La envidia, claro que es una incapacidad que el ser humano siente, entre más inservible es, más envidioso será. El envidioso es infeliz entre más siente la envidia, pero cuando no es hipócrita con sí mismo, se supera por esa fuerza interna que se siente y que quiere saciarla. El que es envidioso y no lo demuestra con hechos indecibles, pronto llegará a poseer lo que desea, mientras que el que no puede calmar la ira que le causa ver que otros tienen todo aquello que él no puede obtener, su misma incapacidad mental le impide superarse.

El pobre menesteroso es uno de los pobres que más envidia siente, pero no sabe sentir la envidia de superación sino la destrucción; esto se debe en muchos de los casos a la mala educación o a la pereza que les impide pensar más allá del día en que viven. Este no piensa en superar al que envidia sino en destruirlo, pero en muy raras ocasiones logra hacerlo, aunque este sea un amigo íntimo o familiar, porque el que se ha superado, conoce a todas las alimañas que la rodean y huye de ellas al más no poder. El rico que antes fue pobre les huye a los que él conoce. Pero no es justo culpar al pobre menesteroso de todos sus errores que en su mayoría todos son mediocres y mal intencionados en esto se debe de ver que son traumas que se le formaron desde su infancia y que su turbulenta capacidad mental no le permite analizar las cosas en una forma verdadera. Toda la culpa no es suya, sino de sus progenitores o nodrizas que cuidaban de él en su niñez, o bien sea de los malos consejeros de su adolescencia. A este pobre e infeliz humano, le arruinaron la vida, en primer lugar, por inculcarle el robo en pequeña o gran escala.

Un ejemplo muy sencillo de cómo este humano se vuelve menesteroso, desde su inocente infancia sin que en el futuro nadie pueda hacer nada por él para que cambie su modo de ser y de actuar, tiene que ver con el momento en el cual este niño sale con su mamá, papá, niñera o cualquiera otro adulo que tiene el hábito de robar, quienes se cuidan de no ser vistos por el tendero o vigilantes de dicho establecimiento, pero no se cuidan de que no los vea el infeliz niño que los acompaña. Este infante, que todo lo ve y lo aprende, cree que lo que hacen los adultos, es lo correcto y que es lo que se debe hacer, y por los demás comentarios que, él también oye que todo lo que venden es caro y que los comerciantes son unos bandidos, entre otras cosas. Entonces, llega a creer que el bandido es el dueño de la tienda y que los adultos que lo acompañaban y robaron sin ser vistos, son muy audaces y tienen toda la razón. De ahí en adelante, él empieza a creer que esta es la mejor forma de vivir. Cuando llega a su casa, empieza a poner su aprendizaje en acción: primero, da por comerse todo lo que encuentra a escondidas, se termina los helados y nieves del refrigerador y sigue con los chocolates y demás cosas que están sobre la mesa; cuando se ha terminado la golosina que había en casa, sigue con las alcancías; después de vaciarlas y gastarse las pesetas, le da por registrar los bolsillos de papá; ya una vez no habiendo qué robar en casa, se va a la del vecino; después, sigue en el salón de clases robando a sus condiscípulos. Y así, sigue su carrera hasta que se le da por ir a las tiendas por su cuenta y como aprendió bien a robar, también burla la vigilancia del tendero como sus maestros adultos lo hicieron hasta que un día sale descubierto por la ley que, es como dios que está en todas partes y es arrestado. Sus padres que, en muchos de los casos desconocen por completo las manías de sus hijos, se llevan la sorpresa de su vida. Sin embargo, ya es muy tarde, pues su querido y consentido querubín ya es un vulgar ratero. Entonces, van, pagan la multa y lo sacan en libertad; el chico niega a pie junto que el que no ha robado nada; dice que fue su compañero o si bien iba solo y no hay a quien culpar; dice que el oficial que lo arrestó, es un cerdo racista que lo ha culpado solo por el color de su piel y da cualquier otra excusa, pero afirma que es inocente y que nunca en su vida ha robado nada, trata de engañarse a sí mismo para hacer creer a los demás que él no es un ratero.

Todo queda en incógnita por algún tiempo y hasta se llega a creer que todo fue un equívoco del oficial que lo arrestó, todo queda claro cuando ya se ha borrado de su mente el susto que llevó volviendo a sus andadas y vuelve a ser arrestado de nuevo. En el segundo arresto podrá engañar a papá y mamá con su sarta de mentiras, pero a la ley no, ya del segundo arresto queda fichado como lo que es. La tercera vez solo logra engañar a su madre que, se convierte en su defensora y maldice a la ley, diciendo que su querubín no es un ratoncito quesero. Cuando ya sus fechorías son muchas, lo mandan a purgar sus culpas a la prisión; allí se acaba de corromper porque sus compañeros de prisión si no lo vuelven afeminado, le enseñan políticas raras si le toca la suerte y cuando sale, es un afeminado, pero todavía le queda la oportunidad de ser feliz con sus nuevas manías. Sin embargo, si se convierte en idealista equivocado y terrorista, su vida será un calvario porque sale creyendo que el mundo le pertenece a él o al menos una casa de aquel que ha adquirido dos o más con el sudor de su frente. Como él nunca ha trabajado, ni piensa hacerlo, él cree todo lo bueno que le han contado sus camaradas, porque es lo único que cuentan porque a ellos tampoco les han contado lo malo, solo cree que tiene parte de lo que poseen los ciudadanos honestos y de trabajo y que todos los ricos son bandidos imperialistas. Anda por las calles destruyendo todo lo que ve, quiebra ventanas de los establecimientos, roba y destruye los artículos en las tiendas, se vuelve una escoria humana, no sabe ni siquiera donde está parado y por tal motivo no sabe dónde tiene su cabeza y jamás nadie le puede hacer entender que está viviendo una vida equivocada. Pero todo llega a su feliz terminó el día en que la muerte se acuerda de él y viene a hacerle su visita llevándoselo con ella ese día; él vuelve a descansar como cuando era niño que no sabía robar ni destruir. Después de su feliz muerte, hay comentarios de los que lo querían fuera como él fuera y dicen que las malas compañías lo destruyeron, pero la cruel verdad que se esconde, fue el mal principio de su vida.

Ya que de todo lo bueno y lo malo se aprende al principio de la vida y de lo que bien se aprende, bueno o malo, jamás se olvida. El hombre que vivió su vida en el crimen, es despreciado hasta en su muerte, mientras que el que tuvo un éxito, aunque fue envidiado y criticado, es bien recordado y venerado después de muerto; por eso, en la vida hay que ser obediente a lo que dios nos ha enseñado, pues es necesario saber que la vida nos fue dada para vivirla y hacer puras cosas buenas. El pretender hacer fortuna bien habida no ofende a dios, porque este creó un mundo de opulencia para todos; él creó un paraíso terrenal y quien quiere vivir en la opulencia lo consigue. Él dijo: "Ayúdate que yo te ayudaré". Asimismo, con trabajo y esfuerzo, todos podemos gozar de este paraíso que es la tierra, ya que la suerte y la fortuna, son como las mujeres, se quedan con el que las trata bien.

Las mujeres son una excelente fórmula para hacer fortuna, una buena esposa es un futuro asegurado y es una verdadera fortuna encontrarla; y como dijo un pensador celebre: "El mejor adorno de una mujer lo constituye el silencio y la modestia; quien no tiene una esposa, búsquela con estas características que son reales". Nunca pensar en lo que dijo otro pensador: "No se debe de depositar ninguna confianza en la mujer". El hombre que no confía en su esposa, nunca podrá tener progreso alguno y un hombre sin una buena esposa es como un reloj antiguo sin manecillas. Ya que, el hombre, por lo regular, es bueno para ganar el dinero, pero no para ahorrarlo. Tampoco sabe medir el tiempo que es dinero. En cambio, la buena esposa hace que a su esposo le sobre el tiempo, ella lo ayuda y lo anima; este es, entonces, el progreso del hombre: la ayuda que le da su buena esposa. La mujer y el hombre son como los pies, uno sin el otro no podrán emprender ninguna carrera y mucho menos ganarla; por supuesto que, hay sus excepciones. Por ello, se dice que vale más el hombre solo que mal acompañado ya que, un matrimonio con una persona desigual arruina la vida de su acompañante; pero con un poquito de suerte, el mejor triunfo en la vida de un humano, es un buen matrimonio, cuando se consigue la pareja ideal. Un amor que es amor de corazón a corazón, tiene un 100 por ciento de probabilidades de un buen y asegurado futuro mientras que, un amor por intereses lucrativos, tiene un 100 por ciento de fracaso. Casarse por dinero es un error y no una forma de vivir feliz, es mil veces mejor pedir dinero prestado a altos créditos que casarse por el único interés de obtenerlo. En verdad, para el amor no es bueno el interés lucrativo, o sea, monetario, porque lo que se obtiene por interés, se pierde por lo mismo; o sea que, quien se vale del dinero para conseguir amor, nunca tendrá el verdadero amor. Cuando un amor viene a uno por dinero, se va cuando el dinero se acaba o se lo puede llevar.

El amor debe ser desinteresado y para tener amor sincero debe uno de buscar a su pareja; si uno es moreno, pues buscarse una morenita; si es feo, pues una fea; si es tuerto, pues una igual que uno. Esta es una forma real de encontrar el amor, el buscar nuestra pareja ideal. Buscar amores por dinero no es aconsejable porque ya nos lo dijo un pensador: "A las damas las llaman damas, porque se van con el que les da más". En ambos sexos es lo mismo, se cambia amor por dinero, pero los que tienen buen éxito, dan amor por amor. Hay muchas buenas historias de amor que nos ayudarían a vivir una vida enamorada y llena de cosas maravillosas. Si nos fijamos bien, quien posee fortuna, mide muy bien todos sus pormenores y no se deja quitar su dinero; si este ofrece dinero y comodidad a cambio de amor, él no está ofreciendo toda su fortuna, pues solo reparte las migajas; es por eso qué en un matrimonio de esta clase, las dificultades nacen a los tres días de casados. El amor es lo más lindo que existe en la vida y tener amor es un triunfo incomparable, pues el verdadero amor es el que nace de la nada, sea con una mirada o de una sonrisa y esta clase de amor, es el que tiene éxito y el que se finge por intereses lucrativos de diversas formas es un fracaso humano. El amor existe más entre los pobres; aunque carezcan de medios económicos, en amor casi todos son ricos. Los que buscan amor y fortuna, sufren más de lo que gozan, porque si un pobre quiere encontrar una esposa de buena posición económica, aunque el solo busque amor, los padres de esta chica creerán todo lo contrario y el pobre enamorado pasará por muchas humillaciones y si bien es aceptado por esta familia acaudalada, el fracasado será él porque pasa a ser un simple mozo sin sueldo y lo hacen llegar a sentirse un parásito. Por ello, nunca hay que querer obtener fortuna fácil, pues es mejor trabajar para hacerla.

Nunca nadie debe hacerse ilusiones con lo de otros, ni demostrar ser diferente por algún interés personal, porque cada humano trae una forma de ser y una fuerza interna que es la que le ayuda para el progreso en la vida. Si uno es audaz y cambia esta actitud para parecer diferente, los demás creen que es imbécil y al tiempo de ser tratado como tal, hasta uno mismo llega a creer que lo es; es por eso que cambiar de actitud por interés no es recomendable, claro que si es algo de provecho como el que no sabía de urbanidad y la aprende es fabuloso, pero en este caso hablamos de la forma de pensar y de ser. En toda forma querer conseguir riqueza por amor, no es forma de llegar a hacer fortuna; hay otros que creen que, para hacer fortuna, hay que hacer fraudes o robar, también eso es falso; otros afirman que para enriquecerse fácilmente, hay que ingresar al mundo de las drogas en compra y venta, o a la explotación de las mujeres de la vida alegre, esto tampoco es cierto, porque para poder burlar la ley, hay que tener una audacia única y si no se cuenta con ella, es un negro fracaso.

El dinero, para que nos brinde la felicidad, hay que ganarlo decentemente, porque los que lo han ganado de una forma oscura, siguen siendo pobres porque no pueden disfrutar de este libremente. Pongamos un ejemplo real: Un contratista que ha hecho un millón de pesos en tres años de jugarse la vida 24 horas al día, tiene miedo de depositar su dinero en un banco y tampoco lo pone a trabajar por temor a ser investigado, por lo tanto, su dinero lo entierra o lo presta sin ninguna garantía de que se lo paguen, porque le huye a todo trámite legal; tampoco puede gastarse su dinero en darse la gran vida porque el temor se ha apoderado de él a causa de las vidas que se han destruido por su culpa. Mientras que un hombre de negocios que ha hecho cinco millones en el mismo tiempo, es libre para gastarlos, depositarlos o invertirlos; la razón que justifica todo esto, es que este individuo no ha cometido crimen alguno para hacer su capital y tampoco ha evadido impuestos. El dinero bien ganado se goza libremente y toda fortuna hecha así es una gracia y honor tenerla, mientras que la mal habida es desgracia y deshonor. Es cierto que el dinero es el artículo indispensable para llevar una vida con todo decoro, pero el dinero mal habido, es mejor no tenerlo, por la razón de que la vida es mucho mejor vivirla fuera de pesadillas horribles que la hacen un verdadero infierno porque se pierde la confianza a nuestros semejantes con los cuales vivimos y quien vive una vida de desconfianza, es más pobre que un mendigo, aun cuando sea multimillonario. Si el dinero es indispensable, más indispensable es la confianza entre los nuestros.

El mundo inteligente, no necesita de ninguna cosa deshonesta para hacer fortuna, pues el ser honesto es ser rico de alguna forma. El ahorro, claro está, es una forma de hacer fortuna, siempre y cuando el ahorrador no descuide su vestuario y alimentación por la causa del ahorro, o sea, que no quiera ahorrar más de lo que le alcanzan sus posibilidades. Hay personas que han ahorrado la cuarta parte de lo que les sobra y en pocos años han acumulado una fortuna considerable, mientras los que han querido ahorrar la mitad de lo que ganan, han pasado años y no han hecho nada. El arte de ahorrar poquito, es muy efectivo porque este ahorro es verdadero y por tal motivo es respetado, mientras que el que quiere ahorrar mucho se engaña a si mismo porque quiere ahorrar cantidades hoy y tiene que gastarlas mañana por las exigencias que requiera la vida cotidiana, y así se pasan los años sus añoranzas del ahorro se le vuelven nulas.

El que persiste en ahorrar las migajas, con el transcurso del tiempo, acumula fortuna considerable y cuando tiene una suma elevada, busca algo en que invertir su dinero y como es calculador e inteligente, hace una buena inversión en la cual él ha figurado sus ganancias a largo plazo y no le han fallado; ha comprado lotes baldíos en la dirección en que la ciudad se ha desplazado, ha comprado bonos en compañías de buen futuro o invertido su dinero en bonos del gobierno, ya que quien cree y tiene confianza en su gobierno, es hacer fortuna sin riesgo alguno. Este buen ahorrador, nunca cree en ganar dinero en loterías ni en ningún otro juego que ofrezca hacerse rico de la noche a la mañana, tampoco cree en que le adivinen la suerte los brujos y brujas que para el son explotadores, él cree conocer su suerte y saber dirigirla hacia el futuro real y maravilloso; cree y sabe que ahorrar y saber invertir el dinero, es la única forma de hacer fortuna;

él piensa como y cuándo hacer las cosas y nunca pide consejos porque sabe que quien tenga una buena idea no la aconseja a nadie sino que la explota para sí mismo. Por su forma de ser y de pensar, todo le sale bien; para el no cuentan los días ni los años, solo cuenta el futuro de él y de sus hijos, a los cuales el enseña a ahorrar y a pensar sin engañarse a ellos mismos.

El tiempo pasa y pasa y dice que el tiempo solo es la noche y el día, divide sus horas de ocho en ocho, ocho para trabajar, ocho para pensar y descansar y ocho para dormir; solo sigue su buena estrella que es la de su superación. El mal ahorrador hace todo lo contrario, no lleva un ritmo bueno para su vida sino todo lo contrario; para él, el tiempo camina muy despacio, por eso no hace inversiones a largo plazo, se figura que un bono que tarde tres años para dar la ganancia, es muy tardío, mucho menos comprar un lote en las afueras de la ciudad porque según su forma de pensar, la ciudad nunca va a llegar allí; él quiere hacer fortuna de la noche a la mañana, sus sueños de la fortuna rápida, nunca los logra por el hecho de no saber sonar, así abre un negocio, quiere ver las ganancias rápido, igual le pasa cuando hace una inversión del tipo que sea sin darse por vencido que el tiempo es el que trae las cosas buenas. Él vive muy aprisa y así pasa su vida, solo le quedan malos recuerdos y amargas decepciones, mientras el buen ahorrador se deleita de sus buenas y agradables cosas porque sabe que el tiempo es el mejor amigo del ser humano.

Las inversiones y el dinero son como la semilla que hay que sembrarla y darle tiempo a que nazcan después de nacidas cuidarlas para que la planta crezca robusta y de él maravilloso fruto que se esperaba obtener de ella; esta es una forma sencilla de hacer fortuna, saber pensar y esperar.

Quien no quiera reconocer estos pormenores que la vida nos ofrece, seguirá siendo pobre y más pobre cada día. Quien es pobre, es víctima de desconfianzas mal infundadas por todos aquellos que poseen riquezas, en primer lugar por los empleados de los bancos y cases comerciales En la época presente, toda aquella persona que no tenga una cuenta de ahorros y va a solicitar un servicio, de inmediato sospechan de él; creen que es un asaltante o un falsificador y ni tan siquiera le cambian un miserable cheque que suma centavos; en estas circunstancias no solo se encuentran los pobres, sino también aquellos que han obtenido dinero mal habido aunque tengan millones y por eso es muy necesario ahorrar aunque sea una mínima parte de lo que sean nuestras ganancias, para no ser víctimas de malos entendidos.

Todos los pobres que han llegado a hacer fortuna, la han empezado ahorrando sumas tan insignificantes que cuando ya son ricos y recuerdan cómo y cuándo empezaron, ven la cima atrás y ni ellos mismos lo acaban de creer, y al verse en la cima del buen éxito, dan gracias a Dios y hacen todas las buenas obras que pueden hacer hacia sus semejantes. Describe un rico que antes fue un pobre temporal, como fue que hizo su fortuna sin hacer mal a nadie, ni ninguna acción que le avergüence contarla, hoy es acaudalado; en medio de la desesperación y pobreza en que se encontraba en su tierra natal, que era un pueblecito pequeño de provincia, donde todo le parecía monótono y su pobreza y la de los suyos era crónica; allí nada tenía valor, se vivía una vida primitiva, sus padres trabajaban para el cacique del pueblo y sus antepasados lo habían hecho por generaciones. A él le empezó a parecer el pueblo como un pueblo de muertos vivientes en donde solo se hablaba del crimen, discordia, de la pobreza y el hambre; los cabecillas del pueblo solo comentaban catástrofes; el cura en sus sermones mencionaba al diablo y de todos los castigos que Dios daría a sus hijos; el maestro solo hablaba de guerras y de problemas internacionales; los comerciantes de la carestía y de que el frijol, café y maíz el próximo año valdría el doble, como en efecto así sucedía; el presidente municipal daba sus acostumbrados discursos y gritaba: "¡Que viva la patria y la libertad!" decía que las tierras no se iban a repartir hasta que un decreto presidencial lo confirmara y que esto tomaría tiempo, pero que no se preocuparan, que recordaran los sufrimientos de los mártires de la patria que lucharon y dieron sus vidas para darnos la libertad, etc., etc. Todas estas habladurías sin lógica alguna, hicieron pensar a este pobre que todo era puro teatro y maroma, y que la verdad estaba muy lejos de lo que se decía en los discursos y conversaciones clandestinas. Pudo ver repetidas veces el engaño y fue así como decidió abandonar su pueblecito lleno de ignorancia y de pobreza, para trasladarse a una ciudad en busca de suerte. Una vez en la gran ciudad, donde nadie se fija en nadie y donde nadie sabe quién es quién, empezó por buscar trabajo, el cual con muchos problemas encontró; para él todo era nuevo, pues era la primera vez que había salido de su querido pueblecito, pero como su meta era el triunfo, empezó por escuchar lo que la gente civilizada hablaba y todo le parecía maravilloso y vela que allí había miles de oportunidades para hacer fortuna. Trabajaba durante el día y por las noches iba a la escuela nocturna, pues no dejaba de reconocer que era un analfabeta y que para lograr un buen éxito, necesitaba conocer letras y números.

En pocos meses, logra aprender a leer y a escribir y a sacar sus cuentas, a base de sacrificio logró hacer un pequeño ahorro y ya cuando creyó tener lo suficiente para empezar a trabajar el comercio de ambulante, dejó de ir a la escuela de noche y siguió trabajando de día. Empezó su comercio en la noche, vendiendo chicles y anteojos por las cantinas y calles; allí en esa otra actividad, era como si estuviese en la escuela del comercio, porque los borrachos en las cantinas hablaban de lo que van a hacer y no hacen nada, pero cuando él oía una cosa interesante, la anotaba para ponerla en estudio. Allí consiguió miles de ideas, hasta que un día oyó hablar a un borracho de una idea fabulosa, que más tarde lo convertiría en millonario; decía el borracho que iba a comprar miles de bolsas plásticas para empaquetar y vender diversos productos alimenticios.

Otro día, sin dejar que se le borrara esa excelente idea de su mente, puso manos a la obra; fue y compró miles de bolsitas plásticas y repartió kilos de especies, como: canela, clavos, anís, etc., etc., en veinte partes y salió a venderlas con una ganancia de tres por uno. Arregló su cajoncito más decorado y se fue a luchar por un buen éxito, sin riesgo alguno; al igual empaquetó peines, peinetas y todo lo que vendía, primero lo hacía verse extravagante y hermoso para ofrecerlo al público. Así siguió hasta que su categoría de comerciante y su mucha mercancía, no le cabían en su cajoncito y con su dinero ahorrado compró un carrito de un modelo anticuado y de muy malas condiciones; lo pintó y le dio un aspecto bello y empezó a extender su comercio. Al poco tiempo a alguien le gustó el carrito y le ofreció una buena suma por él; no vaciló en vendérselo y de inmediato compró otro y lo pintó, dándole buen aspecto; él sabía que la pintura transforma todas las cosas bellas y les da un valor muy superior al que tienen. A los pocos días también lo vendió y ya con esto había aprendido otro nuevo negocio: el de la venta de automóviles. Para estas fechas, sus mercancías no cabían en el pequeño cuarto que él rentaba en una casa familiar y se fue en busca de algún galerón viejo en la zona comercial del pueblo, lo encontró y compró, allí estableció su pequeño negocito y fábrica de empaquetar sus productos. Pinto el viejo galerón y le puso una puerta muy elegante, le instaló una chapa que valía más que la puerta y la puso en venta; los compradores que solo se fijaron en lo bonito de la pintura y en la chapa de la puerta, le dieron diez veces más de lo que había pagado por dicha propiedad; allí hizo el grueso de su fortuna. De allí se fue, buscó un lugar solitario y compró un edificio; allí instaló una fábrica de empaquetar todos sus productos, empezando a hacerse un famoso comerciante. Su filosofía era hacer bello lo que le parecía feo y en término de quince años, el pobre temporal pasó a mejor vida, de pobre a millonario.

Esta es una forma real de hacer fortuna, pensar que la presentación del artículo anima al comprador a pagar mucho más por él y que es mucho más fácil vendérselo; si es una semilla la que se va a vender, procurar que el cliente vea a través de un plástico o de un vidrio, de la misma manera si es cualquier otro artículo de fantasía, si es un automóvil o una casa, tiene que lucir más su pintura que su calidad. Todo esto no lo describe el pobre temporal, el pobre sin ambición que se vuelve ambicioso, de seguro se hace rico. Un pobre de esta categoría nos explica cómo, cuándo y cuál fue la causa de que él hiciese fortuna, sin nunca antes haber pensado en ello: en el barrio donde vivía, no tenían calefacción y para calentar su humilde casa, recogía todos los palos o mangos que la gente tiraba de las escobas o trapeadores que se terminaban en el servicio doméstico, acumula tantos cuando estaba en espera del invierno, que ya no había lugar para transitar cómodamente en su humilde casita; pero la ambición de recoger más cada día, hacía llenar más su residencia hasta que llegó el momento en que su esposa le llamó la atención y le exigía que botara todo a lo cual ella llamaba basura. Él quería toda esa madera y le dolía tirarla, pues con muchos sacrificios la había juntado, ya que todos los de su clase también querían juntarla para hacer lumbre para cocinar en toda época y para calentarse en invierno y viendo el que su esposa se oponía a que él siguiera recogiendo más madera, forzó su mente para encontrar una solución a su problema. Él que ya era ambicioso y de tanto pensar, le surgió la fabulosa idea de fijar todos los mangos y pintarlos e ir a venderlos a la compañía que fabricaba escobas y trapeadores; de esta forma se deshizo de toda su basura e hizo una ganancia considerable, pero sin contar su idea a nadie. Con el dinero adquirido hizo una compra considerable de escobas y trapeadores y se fue, de casa en casa, vendiéndolos y a su vez pedía los que se desechaban. Cuando juntó otra cantidad considerable de mangos, reforzó su idea y él mismo empezó a hacer escobas y trapeadores y de esta forma paso a ser un hombre rico. Claro que hoy que ya es un hombre de empresa, si se le preguntara su historia, no la contaría completa, pasaría por desapercibidas las cosas más interesantes de ella, que hoy para él son humillantes; y si alguien que la conoce completa se la contara, no la aceptaría, pero la verdad es que él sigue recogiendo escobas y trapeadores viejos. De esta forma, queda demostrado que aun en el lugar más pobre, existe una oportunidad para hacer fortuna, solo hay que tener ambición en todo lo que se hace y se piensa, ya que con la ambición los sesos se abren y pueden percibir ideas extra fabulosas.

La suerte, la muerte y la vida, donde quiera están; la suerte, se tiene que buscar; la muerte, si se busca, también se halla y si no, ella viene sola, pero más tarde, la vida hay que hacerla fuerte y brindarle buenas cosas y confianza para bien de sí mismo. Aunque parece que, todos los humanos somos iguales por pertenecer a diferentes razas, ideologías o clases sociales; cuando el hombre se preocupa por pensar en acumular fortuna, se supera; si este está abajo, se sube a ser igual o superior que los demás. El humano no se clasifica por belleza física ni ninguna otra cosa, sino por el buen éxito que ha logrado en su vida vivida; esto nos lo afirma un menesteroso de antes, que llegó a hacer fortuna y él es consciente de que la buscó, aunque si la soñaba y la añoraba. ¿Cómo fue que la fortuna tocó a su puerta? alguien descubrió su talento que él conocía y desconocía, este hombre gustaba de ir a las cantinas a ver que se encontraba o a ver quién le regalaba algún trago; uno de tantos días de buscar lo que no había perdido, llegó a la taberna que él con devoción visitaba y era sacado por los meseros, ese día no fue visto a tiempo por los meseros que lo echaban a la calle y pidió un trago a un turista bondadoso; este lo invitó a sentarse en su mesa, el mesero al ver al mendigo, molestar al turista, vino a ordenarle que se saliera; el turista contrarrestó la orden y le dijo al mesero: sírvale a mi amigo el trago que él guste; el mesero obedeció de mala gana, pero en fin, al cliente lo que pida y trajo el trago al pobre diablo; así continuaron turista y mendigo tomando, al poco rato el turista dio confianza al pobre hombre que con su debilidad del hambre y los tragos, ya estaba borracho y hablando hasta por los codos, el turista habló.

—Cuéntame algo real de tu vida y dime, ¿por qué estás tan pobre? —mencionó.

—Pues verá usted señor, las causas de mi pobreza son muchas, en primer lugar, nunca he podido encontrar trabajo, he tenido muy mala suerte yo estoy salado señor, aunque al principio de mi vida fue muy lindo, todo cambió cuando mis padres murieron, yo solo contaba con diez años de edad y fui recogido por mi tío Salomón, hermano de mi madre; todo ha sido muy triste y doloroso para mí, por eso nunca quiero recordarlo, desde que me fui a vivir a casa de mi tío, yo tuve que hacer lo que mis primos mayores que yo, me ordenaban, conste que las órdenes que me daban no son muy dignas de contar, por eso las paso en blanco; fíjese que yo cantaba en el coro de la iglesia y solo porque un día se perdió la limosna recogida, ya no me dieron la oportunidad de hacerlo, y desde entonces jamás he vuelto a cantar.

Para cuando esta conversación apareció en labios del mendigo, turista y pobre, ya estaban muy entrados en copas y en eso entra un conjunto de mariachis y pregunta a la pareja que si gustan de una canción y el mendigo acepta la petición hecha por su único amigo y cantó una canción muy popular, al terminarla, fue aplaudido por todo el público hasta por sus enemigos meseros y en ese momento se sintió el hombre más grande de dicha taberna; de inmediato el dueño le ofreció trabajo cantando en exclusiva para su lugar y así como el mariachi también le ofreció pagarle buenos honorarios para que lo siguiera acompañando, pero él declinó todo ofrecimiento.

—No debo y no puedo aceptar nada de lo ofrecido, solo quise cantar para este buen hombre que ha sido la única persona buena conmigo desde que mis padres se fueron al cielo —dijo lleno de emoción y con sus ojos llenos de lágrimas—. He roto un silencio que me había durado veinticinco años, solo por complacer a este buen hombre, pues yo sabía que podía cantar y cantaba solo en silencio y mis canciones se las dedicaba a dios y a mis queridos padres, pero hoy que mi silencio se ha hecho melodía y mi secreto es público, me marcharé de este pueblo a donde nadie me conozca y me dejen vivir mi vida de pobre como hasta hoy la he vivido.

El turista rompe su silencio de repente y le dice:

—Nada de eso, amigo... Desde hoy considérame tu amigo, hermano y representante, pues yo represento a una de las compañías disqueras más competentes del país y mi compañía quiere una exclusiva; mañana pasarás a mi oficina para que firmes los contratos y se te concederá un adelanto de 500 dólares y dentro de tres días saldremos a la capital del país, donde empezarás una vida llena de fama, dinero y todo lo que hayas soñado.

En efecto, al otro día, el pobre hombre se presentó ante su amigo y no fue una simple conversación de borrachera, sino todo lo contrario, allí estaban los contratos y el adelanto ofrecido. Todo coincidió para el buen éxito de este pobre hombre, pues dicha compañía había perdido a uno de sus mejores intérpretes y el hombre pobre y desconocido supliría la vacante. Hoy él es una estrella y se cree y es como tal, nunca aceptaría que él es una estrella que subió del suelo, porque es tan orgulloso que él cree a ciencia cierta, que bajó del cielo; no reconoce a sus amigos y no recuerda haber sido pobre y su ambición lo hace ser más grande cada día, ya que él no es como los demás artistas que se consuelan con un éxito bueno, él sigue la flecha de los éxitos y cada día hace uno mejor. ¿Ven cómo a cada santo se le llega su función? Este pobre era un pobre en espera de sus sueños dorados, de hacer fortuna sin hacer mucho esfuerzo, solo cantando se hizo de fortuna y fama.

Viendo los acontecimientos humanos, no hay razón para que los pobres imbéciles no se superen, claro está que en la vida humana no hay nadie que acepte ser imbécil ni haberlo sido en ninguna ocasión.

Un imbécil que aceptó haberlo sido y que reconoció sus errores humanos, quiso ya no seguirlo siendo y por los éxitos logrados del menesteroso, decidió voluntariamente imitarlo para probar suerte y ver si se podía superar. Como él no tenía ninguna aptitud dentro del arte, empezó por imitar al ya famoso menesteroso, recordando la fecha en que lo reconoció, fecha en la que el famoso artista era un simple mendigo atropellado y maltratado por todo el mundo. Este imbécil regenerado dejó de creer que él era importante, ya que este error de creerse importante era la causa de su pobreza y empezó con toda su nobleza a actuar exactamente como actuaba el menesteroso; sus ropas perfumadas y modernas las cambió por antiguas y sucias. A los seis meses de su práctica ya no de imbécil, logró acumular algún dinero de lo que ganaba en su trabajo, el cual antes lo malgastaba en ropas de alta calidad, lociones, perfumes y todo artículo de belleza. Ya una vez viéndose con una suma considerable, pensó dejar el trabajo e ir en busca de sus amigos imbéciles para explotarlos, pero su mente ya era fuerte y ambiciosa, decidió trabajar parte de su tiempo y el resto usarlo para su propósito. Invirtió su capital para comprar lo que halló más barato y que sus amigos usaban, fue y se los vendió porque él sabía que ellos compraban todo lo que se les vendía, aunque no lo necesitaran, solo con decirles que estaban en especial; él conocía bien el camino porque ya lo había transitado antes en toda su imbécil vida vivida. Todos sus artículos por vender eran: lociones, cremas para las arrugas, tintes para el pelo, vitaminas para engordar o adelgazar, ropa dizque importada con falsas etiquetas, perfumes, entre otras cosas más.

De esa forma, cuando su negocio ambulante le dio ganancias, abrió su propio negocio ya establecido y lo llamó audazmente: "El Gran Conquistador", solo para hombres de onda loca. Ahí vendía todos sus artículos, que según él, eran fantásticos. En el primer año de establecido le fue de maravilla y decidió casarse con una bella imbécil, quien no lo era tanto, pues de inmediato y juntos, abrieron otra tienda y entre ambos le llamaron: "La Bella Sultana". Ambos negocios eran un éxito rotundo; entonces, el par de imbéciles, que ya no lo eran tanto, sino un par de audaces, tuvieron la maravillosa y excelente idea de hacer intercambio de mercancías en sus negocios y en la de solo para hombres, vendían los artículos femeninos bien empaquetados, a los cuales les llamaron "regalitos para novias" y en viceversa en la tienda solo para mujeres, vendía "regalitos para novios". Se apegaron al calendario para buscar las fechas oportunas, pero sus días de buen negocio siempre eran los días de Navidad y el día de San Valentín, los cuales usaban para hacer sus cartelitos de las grandes especiales, que de lo especial era puro cuento, solo decían los cartelitos: "Gran especial del día, antes 50 dólares, hoy solamente 25 dólares".

Los pobres imbéciles hacían cola y compraban todo lo que había en las ventanas. Así fue como un par de imbéciles ya regenerados, hicieron millones de pesos a costillas del humilde y siempre creído público, quienes los describen en el día de hoy un par de audaces. Al ver a un pobre envidioso, este par de imbéciles que se habían superado engañando al público, sin destruirlo solo explotándolo, le entra la ambición y envidia de la buena, y en vez de andar robando e intrigando gente o quebrando y escupiendo ventanas, pensó en su futuro y se puso a trabajar decente y honorablemente y a ahorrar todo lo que podía. Aunque su capacidad no era ni para ser artista, ni mucho menos comerciante, cuando ya su alma y sentimientos eran buenos, puso sus ahorros en los bancos que le pagaban buenos intereses. Cuando ya tenía una suma considerable se compró una casita, la pintó y remodeló, y como hasta a las flores les tuvo cariño, le sembró un bello jardín; de esa forma su propiedad cogió un valor muy elevado y la vendió y con el dinero adquirido compró dos o más y lo hizo de la misma forma y de allí en adelante, su negocio fue la compra y venta de casas. En pocos años pasó a ser un millonario, de esa forma cambió su forma de actuar y de pensar y de allí en adelante, fue un hombre querido y respetado con el solo de querer y respetar a los demás.

El rico pobre, al ver a todos estos pobres que se le igualaron, ya no quiso ser rico ante los ojos del público y quiso vivir sin temores de ser robado, asaltado o secuestrado; lo cual lo convirtió en un pobre de costumbres y se apartó de quienes lo conocían y entre los pobres hizo su vida de miserias. Al poco tiempo, se acostumbró a su nueva vida muy honesta y miserable. ¿Cómo hizo su fortuna?, se desconoce, porque los ricos de este tipo son una sociedad que desde que el padre Adán y Eva dejaron el paraíso, ellos se adueñaron de él; sus riquezas provienen de sus primeros descendientes y sus fortunas han pasado de familia en familia, que en algunos países han llamado familias reales, en otros caciques, y en otros los de la alta sociedad. En todos los casos han sido dueños y señores del planeta tierra, son los que han edificado ciudades y destruido países; su voluntad ha dominado a la humanidad de la sierra, ellos han sido los dioses que han hecho su voluntad excelentes. Han hecho títeres para su beneficio, nombrándolos generales, presidentes, reyes y reinas; han sido buenos y malos; han pensado bien y mal, pero todo les ha quedado bien por ser ellos únicamente quienes tienen el dinero y aunque algunos vivan en el anonimato, sus fuerzas han sido vivas y poderosas, y de alguna forma han hecho bien porque son ellos los únicos que han hecho cosas buenas para la humanidad y el mundo entero. Las mejores cosas de bien para el ser humano, han sido creadas por ellos, aunque haya quien afirme lo contrario.

En la era en que vivimos, las mejores cosas están en donde existen los capitalistas, y es donde contamos con leyes que nos protegen y nos brindan libertad, aun siendo pobres. Aunque en todo, lo malo y lo bueno, siempre existe, en el sistema capitalista hay más bueno que malo, solo que algunos nos conformamos con obtener lo malo porque para ello no hay que esforzarnos del todo, pero en nuestro sistema capitalista hay muchas y bellas oportunidades para todos por igual. Claro está, que para obtener lo bueno, hay que luchar y quien no hace esfuerzo, solo puede tener lo malo.

# Cánticos de los pobres

*La pobreza* es mi destino,
he vivido hundido en ella;
soy hijo de un campesino
por mi buena o mala estrella.

No sé leer ni escribir,
no pude ir a la escuela;
no sé leer ni escribir,
me ignoran por ser analfabeta,
la sociedad me hace.

Si me dan trabajo, es de lo peor;
si protesto, me lo quitan;
de mí no se apiada ni dios,
yo ya no quiero esta vida.

La historia de los héroes me la sé,
la aprendí de memoria;
nací en esta patria, no sé por qué,
aquí solo hay penas sin gloria.

Me enseñaron a votar,
marcando la cruz;
eso me hace recordar
que en ella murió Jesús.

Si trabajo no como a llenar;
si ando de vago, vivo mejor;
tengo que aprender a gozar
y a no hacer más rico a mi patrón.

# ¿POR QUÉ SON POBRES LOS POBRES?

Soy tan pobrecito,
que no conozco el dinero;
he nacido en un ranchito,
soy un simple jornalero.

Nunca he usado zapatos,
ni ropa a mi medida;
no conozco ni los platos,
en los que se sirve esa comida.

A mí me dijo mi abuelo,
hablando de mi familia,
que todos habían nacido pobres
y que yo, igual lo sería.

Por eso, estoy contento,
hundido en la pobreza;
solo le canto al viento
y al sol, que me calienta.

A donde voy, no lo sé,
yo no tengo quien me quiera,
solo sé que moriré,
que seré polvo y tierra.

Soy de familia de pobres,
y detesto la riqueza,
para mí, ser hombre noble,
es signo de real grandeza.

Soy el Rey de la pobreza;
pobre nací y así voy a morir,
la riqueza no me interesa,
me da lo mismo gozar que sufrir.

Mi vida toda la recuerdo,
siempre he tenido lo malo y lo peor;
nunca he deseado lo bueno,
para mí lo malo, es mejor.

No quiero maldecir mi vida,
tampoco a mi mala suerte
porque es la vida mía,
la que me hace ser fuerte.

Me critican porque soy muy macho,
porque lo soy de alma y corazón,
por eso, cuando me emborracho
les canto esta canción.

No le pido ni al gobierno,
me conformo con mi suerte
lo que soy, tengo que serlo
hasta que llegue la muerte.

# ¿POR QUÉ SON POBRES LOS POBRES?

Soy borracho y pobre,
lo he sido todos mis años
soy uno de esos hombres,
que crecen de buen tamaño.

Tengo todo lo que quiero
me lo da mi buena ley,
con dinero y sin dinero,
siempre sigo siendo el rey.

He hecho muchas reinas,
con tan solo aconsejarlas,
les enseño las cosas buenas,
pero tengo que dejarlas.

Así voy de pueblo en pueblo,
Dejando atrás los caminos,
he dejado mil recuerdos,
donde quiera que he vivido.
Dejando atrás mil recuerdos

Si alguien cuenta mi historia
que la diga como es,
de México a California,
yo siempre he sido el rey.

Soy tan pobrecito,
que ya no hallo que hacer,
pienso que será Diosito,
el que me hace padecer.

Cuando compro mis huaraches,
se me acaba el pantalón,
cuando consigo tortillas,
se me terminó el frijol.

En invierno sufro frío
y en verano calor,
no conozco nada mío
solo penas y dolor.

Unos culpan al gobierno
y otros culpan a Dios
yo de esto nada entiendo
trabajo de sol a sol.

Mi patrón está muy rico,
tiene pesos de a montones;
pero yo y mis hijitos,
no tenemos pantalones.

# ¿POR QUÉ SON POBRES LOS POBRES?

Yo quiero mucho a mi patria,
con el amor de mi vida,
como la quiso Zapata,
y el gran Francisco Villa.

Mi abuelo fue teniente,
de la gran revolución,
quiso luchar por su gente,
entre balas de cañón.

Para darnos un pedazo de tierra,
él y sus jefes lucharon hasta morir;
y la pena que mi pecho encierra
es que aún no la podemos conseguir.

Si escuchas mi canto, abuelito,
dile a tus jefes, si pueden volver,
que lo que ellos han hecho y dicho,
lo quieren desaparecer.

Vivimos en la pobreza,
en medio de la riqueza,
solo oímos promesas
de cada presidente que entra.

Los discursos son muy lindos,
al escucharlos hasta lloramos,
pero los pobres campesinos,
todavía andamos descalzos.

Trabajamos de Sol a Sol,
haciendo producir la tierra
sufrimos miseria y dolor,
a cambio de las promesas.

# Los pobres sin ambición

EL POBRE SIN AMBICIÓN, TAMBIÉN es poseedor de buenas características, lo único que le perjudica para un buen futuro, es que no ve hacia adelante, no cree en el futuro, él cree y piensa solo en las veinticuatro horas del día que vive y nada más. Cree que el único futuro habido y por haber, es la muerte, y que solo hay que esperarla a que llegue y vivir lo que toca de vida, contentos y sin preocupaciones. Su forma de pensar es: ¿para qué acumular riquezas?, que al final de nada le servirán, después de haber muerto; que todo el sacrificio que se hace para acumular fortuna, es innecesario, porque dicha fortuna acumulada, será de otros que no la han trabajado. Si tiene trabajo o no, no le preocupa, su forma de ser lo imposibilita para pensar en un mejor futuro; él no ve más allá del día en que vive. Él es completamente feliz con vivir sin preocupaciones, es muy devoto, es afecto a las fiestas, le gustan las apuestas y las rifas; le gusta apostar a los caballos, gallos, loterías, etc., etc. Él cree más en la suerte que en todo lo demás. Piensa que el dinero lo traerá la suerte y no el esfuerzo propio, ya sea material o mental. Piensa que el dinero es como el tiempo, viene y se va, nunca le interesa saber las fechas, nunca sabe el día en que vive; no usa reloj, porque dice que si sabe la hora del día se le hace más largo. Para él, el tiempo es la noche y el día, o sea que vive como un rey dentro de su vida de pobreza.

# Los pobres ricos que se suicidan

LOS POBRES RICOS QUE SE suicidan son personas que han nacido y crecido en la cruel y amarga pobreza. Luchando y sacrificándose, han logrado salir de ella creyendo a ciencia cierta que al alcanzar la riqueza alcanzarían la felicidad la cual han añorado toda su vida y al darse cuenta de que la felicidad no se encuentra con la riqueza han decidido hacerse millonarios y luego multimillonarios para comprar a su antojo la felicidad que ellos desean tener y necesitan para vivir placentera mente. Sin embargo, al darse cuenta de que el amor comprado no sabe querer ni puede ser fiel y se contenta con ser el amo y señor al que todos obedecen y tienen que obedecer para no perder los beneficios que reciben de él, se llega al día inesperado en que su amor preferido y comprado a su gusto y satisfacción se enfada de la prepotencia de su millonario esposo y ya habiendo preparado un plan económico para continuar una vida sin pobreza decide abandonarlo por no poder acostumbrarse al maltrato verbal y prepotente de su esposo millonario, Mateo. Ella visita al abogado Roberto García y le pone un demanda por maltrato conyugal, pues tenía las pruebas razonables para la demanda y el abogado las aceptó; tomó su caso cuando Mateo recibió el mensaje del abogado Roberto, quien había sido demandado por su esposa María por violencia matrimonial.

Mateo, entonces, cambió su comportamiento por el de ser un esposo amable, respetuoso y amoroso. Esto a María la confundió pensando que era un cambio muy bonito para que fuera verdadero. Mateo le hizo una pregunta.

—Recibí una demanda de tu parte, me la envió el abogado Roberto García —dijo—. ¿Me puedes explicar qué significa esto?

—Sí, es cierto que te demandé porque ya no soporto más tu prepotencia y la manera en que me maltratas.

—Pero, ¿de qué estás hablando? —preguntó él—. Yo nunca te he levantado la mano.

—Solo eso te falta hacer porque no me tratas ni me das el lugar que merece una esposa —contestó ella.

Entonces él, rápidamente, recurrió a sus chantajes acostumbrados.

—Si me dejas yo me voy a suicidar porque no me das la alternativa de seguir viviendo, yo te quiero mucho, tú eres el amor de mi vida y eres la única persona que me ha brindado amor y felicidad —mencionó—. Tal vez me porté mal por el hecho de no haber aprendido a tratar a las mujeres con fina delicadeza como ellas lo merecen, por su esencia de mujer, pero perdóname, procuraré aprender cómo debo de tratarte y te agradará mi cambio porque estudiaré cómo se debe de tratar al amor y a las mujeres, porque ya aprendí que las mujeres son puro amor.

Entonces, ella llama al abogado y le explica la situación.

—Está bien, explicaré a la corte que hay que parar la demanda hasta ver el resultado de lo que pasa, pero no te recomiendo que desistas de nada hasta que estés segura —dijo el abogado.

—De acuerdo, así lo haremos —mencionó ella.

A los dos meses maría llama de nuevo al abogado.

—Creo que hay que reabrir la demanda de nuevo —menciona—. Déjeme y le cuento, el loco de Mateo nos está volviendo locos a nosotros también... Te digo "a nosotros", porque desde que le dije que vamos a tener un bebé se ha vuelto insoportable... Esta vez nuestra luna de miel duró menos que la primera, pues solo habla de que todo mundo quiere su dinero que tanto le ha costado acumular y es un agresivo sin comparación, te cuento que hasta temo por la vida de mí y de mi bebé, dime qué hacemos por favor.

—Yo te recomiendo que te escondas y refugies en mi casa a esperar qué sucede pero puedes evaluar mi oferta y acudir a la ley, pues ellos tienen refugios y cuidado especial para estos casos en específico.

—Ya no lo quiero pensar más, te espero donde cruzan la calles Misión y Treinta para que me recojas —dijo ella—. Allí estaré rápido.

Entonces, ella abandonó la residencia y dejó una nota que decía: "Mateo, te cumplo la promesa de abandonarte, pues ya no podemos soportarte ni yo, ni tu hijo, pues tenemos temor a que atentes contra nosotros". La nota se la dejó bajo su almohada. Mateo la leyó y la puso donde la encontró. Salió a la sala y se puso a ver su programa favorito y tomó a su antojo y se suicidó. El empleado de servicio llamo a María al celular y le comunicó que Mateo se había quitado la vida. Ella, de inmediato, regresó a casa llena de temor y de preguntas. Recordaba que él le dijo que si lo dejaba haría eso y lo cumplió. "¿Será mi culpa?", se preguntaba ella. Sin embargo, no dejó ninguna nota que indique por qué lo hizo. Entonces, se fue a la recámara y se encontró la nota del suicidio y la ocultó de inmediato. Llamó al abogado.

—¿Y ahora qué hacemos? —le preguntó.

—Tómalo con calma que las cosas te llegaran solas —le contestó él.

En efectivo, todo pasó y María pasó de mujer maltratada a millonaria, pero con el paso de los días se enamoró de su abogado, Roberto, quien había quedado viudo hacía dos años, pues su esposa murió en un accidente de tráfico y el niño se salvó de milagro y la misma niñera profesional que cuidada de él empezó cuidar de papá del niño y de del hogar. Cuando ya pasó todo del deceso de Mateo, María se quedó tan sola como nunca lo había estado en su vida y se dio cuenta que la soledad es peor que los pequeños problemas con las personas. El abogado Roberto vino de visita para ayudarle en sus negocios como ya lo habían hablado y María le explicó lo de su soledad. Entonces él la compadeció:

—Nos sentimos igual —dijo y en seguida le hizo una pregunta—. ¿Crees que deberíamos de compartirla?

—Desde que te conocí cuando estuve en tu casa también lo he pensado todos los días —dijo María—. Quiero que mañana traigas a Robertito, junto a su niñera para que conozcan la casa y se la pasen contentos.

—Está bien —dijo Roberto—. Aquí estaremos mañana en la mañana para pasar todo el día contigo.

—Te lo agradezco Roberto —dijo María—. Sé que se la pasarán muy bien.

Entonces, se despidieron hasta mañana. Muy temprano llegó la honorable familia García de visita. Al ver el niño a María, este se le tiró a los brazos y le dijo "mamá". Así se unieron para siempre con un fuerte abrazo y todos derramaron lágrimas y lindas emociones. Pronto pasó el día y llegó la noche y la familia García decidió marcharse a su casa.

—Don Roberto, yo necesito de sus cuidados y Robertito de los míos —le dijo María a Roberto—. Tú, mi niño, ¿te quieres ir para tu casa? No mami, quiero estar aquí en tu casa.

—¿Ves Roberto? Como todo tiene un final lleno de amor y esta será la casa de ustedes para siempre.

La niñera tenía más preguntas que repuestas que nadie podía darle. Entonces, siguieron viviendo muy feliz y pronto nació el sietemesino de Mateo, cosa que sorprendió más a la niñera que decidió seguir con su lucrativo trabajo. Los hermanitos Roberto y Mateo estaban muy contentos creciendo en el dulce hogar de la familia García. Pronto, les llegaron dos hermanitas más para completar la familia deseada de cuatro hermosos niños. Pero como la verdad nunca se puede esconder porque la historia la saca a relucir cuando el inteligente mateo cumplió dieciocho años se suicidó. La hermana de Mateo viejo rebeló que con el suicidio de Mateo ya iban quince que lo habían hecho de su familia. Esto confirma que si puede ser un gen de familia, pues en este tipo de personajes pobres, ricos, millonarios, no todos se suicidan por no tener la capacidad de resolver sus problemas porque para atentar con la vida propia solo lo pueden hacer personas que tienen tanto valor para hacer y afrontar lo que venga. Ellos dicen: "Espero lo que venga y aguanto lo que pasa" y los que lo hacen es porque están llenos de temores mal infundados que les enseñó la mala crianza que tuvieron desde niños.

Yo he conocido algunos de estos pobres millonarios que, para acumular su riqueza se involucran en todo aquel negocio que produzca dinero en efectivo como en religiones y demás que colectan dinero para ayudar a los pobres para hacer la gran fiesta al santo o al ídolo político o religioso. En todo lo que haya dinero de por medio son muy calculadores y grandes economistas y por su apariencia y comportamiento social las personas que los conocen creen que son clasistas pero no es así ellos se hacen amigos sin importar raza, religión o clase social, pues lo único que ellos buscan para hacer amistades es ver que les pueden sacar ganancia ya que su único propósito es el de enriquecer. No obstante, estos personajes no se suicidan porque no tienen el valor de hacerlo pero cuidado con ellos porque si pueden atentar contra los demás si ellos creen que van a salir beneficiados con la desgracia de los demás.

# Navidad de los niños

Navidad es de los niños,
porque dios así lo quiso;
el mismo Jesús les dijo:
"Dejarlos venir a mí,
son mis ángeles divinos
y quiero que estén aquí".

Nacimiento de Jesús,
el niño dios de nosotros,
que al mundo enseñó
sus ideales hermosos,
pues apareció y nos regaló
lo divino y lo glorioso.

Pedimos que todo el año
sea igual a Navidad,
que toditos los humanos
vivamos con amor y paz;
y que siempre nos unamos,
igual que en Navidad.

Todos con alma de niños,
gozando de la Navidad;
con ternura y cariño,
y mucho amor para dar;
pensando cómo los niños
se tiene felicidad.

La humanidad muy contenta,
derrochando amor y paz;
gozando de las cosas bellas,
que regala Navidad;
en el cielo y en la tierra,
cantando amor y paz.

Todos los niños contentos
festejando Navidad;
descifrando todos sus sueños,
que hoy son de realidad;
felices y muy contentos,
festejando feliz Navidad.

# Los pobres niños que se suicidan

LOS POBRES NIÑOS QUE SE suicidan por el descuido de quienes deberían de cuidarlos y ayudarlos a empezar a vivir su vida adecuada mente y no hacen su trabajo que deberían de hacer adecuada mente y para que estos angelitos llenos de pureza y ternura aprendan el amor a la vida del que tanto se necesita aprender para no tratar de quitársela antes de conocerla. Por la razón de que no conocieron el amor porque nadie se los dio y tampoco conocieron la vida porque no se les ensenó la forma adecuada de vivirla y tanto los niños como los adultos que deciden quitarse la vida son personas que no aprendieron como lidiar con la vida porque nadie les enseno como hacerlo y como son inestables que los problemas pequeños los hacen grandes y se atormentan tanto que hacen decisiones inadecuadas y como el ego que tienen no les permite buscar la ayuda que necesitan y que hay tanta que está disponible para ellos pero por no buscarla su depresión los lleva a buscar el final de su vida, y de por siempre ha sido la misma razón de este problema tan lamentable, y deja más preguntas que repuestas en el entorno de su familia y amistades que los lleva a la misma conclusión de que todo pasó por la poca atención que se les brindó ya que nadie les enseñó a vivir con la responsabilidad necesaria que se necesita para vivir bien y como nunca han aprendido, a medida de que van creciendo y desarrollando su cuerpo y habilidades lo van aprendiendo a su idea natural y con su propio aprendizaje va conduciendo, diciendo la vida a su antojo con todas las libertades sin restricciones que les prohíban nada de lo que a ellos les gusta hacer y cómo entre más libertad se tiene, se goza mejor.

Ellos se acostumbran a vivir la vida loca sin ninguna restricción; cuando los padres se enteran de que su querubín anda fuera de orden ya nada se puede hacer, y se preguntan y qué pasó con nuestro querido hijo si nosotros le dimos todo lo necesario para el desarrollo de su vida y en qué fue lo que fallamos el esposo comenta lo que no le dimos fue suficiente amor y siempre lo dejábamos al cuidado de personas que no conocíamos o que conocíamos pero no conocíamos sus costumbres pero Juan recuerda que lo hacíamos por la necesidad de ir al trabajo, Juana, pero también es cierto que, los problemas con nuestro hijo y cuál sería la solución del problema que es nuestro y nuestra obligación de resolverlo creo que la única solución sería acudir a la ley para solucionar el problema de raíz no crees que sería muy cruel no sería tan cruel como lo que le pasó al compadre Pedro que por no busca ayuda se le suicidó el chamaco. Es que ellos cuando se meten en problemas y no saben cómo resolverlos y no piden ayuda se suicidan porque se les oscurece el mundo y la única forma que se les ocurre es marchar por la puesta falsa para salir del problema la ley sabe cómo lidiar con ellos y los educan y los entrenan para hacer los trabajos que requieren del valor y el amor a la vida y a la patria para que la defiendan y la cuiden y los niños que están mental mente bien son muy actos para desempeñar estos puestos políticos y sociales y así sucede con estos niños que se educaron a su antojo y voluntad, y porque estos niños toman estas actitudes negativas y antisociales simplemente porque tuvieron la mala crianza al principio de sus vidas y quien les enseña la mala crianza ellos la toman a su antojo cuando no hay nadie que les enseñe la buena y de donde la aprenden la aprenden de la tecnología cuando nadie les supervisa los programas que ellos quieren escoger y mirar y cuando sucede esto cuando los das a cuidar a personas irresponsables que les encienden el televisor que les ayuda a hacer su trabajo fácil y los niños deciden ver lo que a ellos más les agrada ver pues son los programas de acción y aprenden como se desarrolla la violencia.

Y cuando ven a su primer y querido amigo transformado en un terrible mal portado ellos se sorprenden de verlo y como les gusta tratan de imitarlo y cuál es ese su primer amigo de los niños pues los payasos que el gran negocio de los medios lo transforman en mal portado, y aunque son programas de entretenimiento son muy peligrosos para los niños de corta edad mirar estos episodios que los transforman en niños violentos y aunque el gen que traemos todas las personas al nacer es diferente el estudio y la buena crianza calman el gen de la violencia y agresividad lo trasforma a la inteligencia es por eso que el buen estudio y la buena crianza son indispensables para todos los human pero según informaciones de personas afectadas por el episodio del suicidio dicen que en algún de los casos es un gen familiar y que algunos de la familia han recurrido a la puerta falsa para salir de los problemas que son difícil de solucionar, hoy en día la humanidad entera busca la raíz de este problema y tambіén la solución del mismo y muchos creen que es culpa de la tecnología que tiene bueno y malo y que quien busca lo bueno tiene el éxito deseado y quien busca lo malo tiene problemas y fracasos, para tratar de entender un poco de este problema tan cruel que sufre la humanidad entera me di a la tarea de hablar con algunas personas que han sufrido en sangre propia este terrible acontecimiento de esta terrible tragedia y entre preguntas y repuestas encontré la ya conocida opinión real de que todo se debe al descuido que se tiene con los niños de dejarlos aprender cosas antes de tener la capacidad de entenderlas como el de aprender de forma equivocada el comportamiento y el idioma y esto ellos lo aprenden en las plataformas digitales a las que tienen acceso a mirar sin restricción y ahí aprenden malas palabras en canciones con música agradable y demás cosas que lo llevan a usar mal su idioma con palabras inapropiadas ya que una persona que aprende y se le hace costumbre hablar groseramente el idioma con el cual ninguna persona lo acepta como amigo entre su círculo de amigos.

Aunque los cómicos usen como carta de presentación, parte de este vocabulario ellos saben cómo hacerlo y conque público pueden hablarlo ya que cruel contenido de usar malas razones los niños se vuelven violentos y cuando la usan en su entorno familiar es un aviso de alerta de que esta persona puede hacer algo desagradable. Se recomienda a los que cuiden niños que no traten de encenderles el televisor sin la debida vigilancia que se sabe que los cuidadores lo hacen para cumplir con su trabajo con poco esfuerzo es por eso que es muy recomendables para los padres que cuando dejen a sus angelitos al cuidado de personas se enteren que son personas buenas y responsables este consejo es solo para personas de escasos recursos que por la necesidad dejan a sus hijos al cuidado de vecinos o familiares ya que los lugares con sus respectivas licencias y personal capacitado para el cuidado de niños de todas las edades como la ley lo requiere.

Además, los padres también deben de cumplir con darles el buen ejemplo a sus hijos y les inculquen las buenas costumbres que son indispensables para que sus niños vivan una buena vida y sean muy exitosos queridos y admirados ante la sociedad, cual como se usaba en los tiempos de antes de que no había la tecnología sus padres lo hacían usaban consejos y comparaciones que fueran apropiadas porque muchas de las cosas era un tabú mencionarlas por su nombre corno hoy se usa y es costumbre el hacerlo, ya que en buen vocabulario y la decencia eran y son la esencia inolvidable del pasado ya que con buenos y apropiados consejos crecían buenas y yo les he dicho mis hijos y amigos de ellos que todo lo que se desea saber se pregunta y se tiene la información correcta y cuando preguntan y como la hacían le explicaban a los niños cuando tenían preguntas sexuales se les decía que el sexo es el la base y el producto de la creación es por eso que hacerlo sin procrear se consideraba pecado en el pasado y cuando un niño llegaba a casa y preguntaba por qué unos niños en la escuela se besan entre ellos mismos y también lo hacen algunas niñas y yo le pregunté a mi amigo y me dijo hacer eso es pecado esos niños y niñas tienen que ir con el cura a confesarse tu amigo te informó mal eso no es pecado solo es que ellos son niños diferentes porque dios los hizo así y el pecado es admirarse de ellos o maltratarlos por ser diferentes.

No es recomendable imitarlos porque es simplemente su condición con la cual ellos nacieron pero si tenemos la obligación de respetarlos a como ellos son que no les perjudica en nada para ser excelentes y buenas personas y muy respetados por las personas con que ellos conviven y por todo el público y la sociedad civilizada, y cuáles eran los consejos que le daban a los niños para que fueran exitosos en sus vidas se les inculcaba el trabajo y el estudio el ahorro y el amor universal a querer y proteger todo lo que le es de beneficio para vivir una vida plena llena de amor y felicidad y que esa se la da su patria su trabajo y el buen comportamiento, y cuál era el consejo para la eterna felicidad hacer las cosas bien y que cuando algo no sale bien se vuelve a hacer asta nos salga bien porque los errores y equívocos son de humanos y lo que no se vale es querer vivir equivocados toda la vida y es por eso que siempre debemos de deshacernos de las cosas que nos perjudican y cuidar de las que nos dan la felicidad y usted es feliz hermosa pregunta cuando se tiene el amor de dios en el corazón todos somos felices.

# Los pobres políticos

TODOS SABEMOS QUE LA POLÍTICA es una ciencia y que, únicamente los que la han estudiado están capacitados para ejercerla. Y quienes entran a ella por la oportunidad que alguien les proporciona casi nunca hacen bien su trabajo cometiendo muchos errores que, en vez de ayudar al pueblo y a la patria los perjudican con sus malas decisiones de querer cambiar el sistema ya que un político en la democracia que es el capitalismo el que le da la fuerza que tiene y quiere imponerle leyes comunistas que pregonan la igualdad entre las personas y es equivocada e inadecuada política es la causa de que su pobreza, ya que cada política y cada religión tienen su base donde se reconcentra su poder, la democracia tiene su base de poder en el capitalismo donde todas las personas pueden capitalizar y la igualdad económica que significa riqueza, y el comunismo tiene su base en la igualdad donde todos los ciudadanos deben de tener los mismos derechos y obligaciones y un profesional se le valora su trabajo igual a un trabajador sin oficio.

En los países que se ha filtrado esta política. En América le decían la política del socialismo del siglo veintiuno, la cual se hizo popular en cinco países de Latinoamérica. Hoy le dicen "la política del hambre y de la muerte" porque no les trajo ni trabajo ni igualdad, pues solo se comió lo que teníamos hoy los países amenazados, quienes ya no le temen al socialismo y dicen que, no importa si este político gana las elecciones, pues su socialismo le durará mientras se comen todo. Entonces les llega el hambre y luego se van con su cruel política a otra parte que quieren empobrecer. Ya es de todos conocido que, las políticas que dominan el mundo son la democracia en el sistema capitalista y el comunismo en el sistema de la igualdad, la región católica en Cristo y el nuevo testamento, y la religión musulmana en Dios y el viejo testamentos, pues ambas cuidan de la humanidad de la misma intención en el cumplimiento de los mandatos de dios y aunque tanto la política y la región tratan de capitalizar, hay muchos impostores en ellas con el propósito de enriquecer estos personajes, quienes son conocidos como profetas y políticos falsos pero como en la viña del señor hay de todo, salen políticos en los países bendecidos que llegan solo a proteger a la patria y a su pueblo.

Tal es el caso de los Estados Unidos, que les llegó Donald Trump, a proteger a el país y a su gente con el valor la decisión y la inteligencia de un héroe que no mira peligros ni estima sacrificios por el amor a su patria. Recuerdo el día que empezó a defender a los americanos de que no les roben sus patentes los asiáticos. Nosotros sabíamos que sería muy exitoso y sus enemigos políticos opinaban lo contrario, se escuchaba en las calles: "Estos nos envían más basura que productos buenos". Compras ropa y a la primer lavada se hace tan pequeña que solo sirve para vestir muñecos y muñecas. Si compramos herramientas para hacer nuestros trabajos solo nos aguantan un par de días, y los únicos productos buenos que no envían son los de nuestras patentes que nos falsifican estado acostumbrados a los productos Americanos los queremos de regreso para que tengamos muchos más trabajos de los que nos ha traído nuestro estimado y admirado presidente Donald Trump, orgullo de América y de la Democracia.

# Los pobres que no se bañan

SON PERSONAS NORMALES Y MUY trabajadoras pero por razones diferentes nunca se les enseñó la disciplina del aseo que cada persona debe de tener para conservar la salud corporal. En algunos lugares apartados de la civilización dicen que es por causas de la extrema pobreza en la que se vive y que no hay recursos para llevar y tener una conducta de higiene adecuada, cosa incierta porque hay pequeñas comunidades en las montañas que en México se les llaman Ranchos donde la higiene va al par de la educación y de la buena cultura que enseñan los padres o familiares, responsables de los niños. En cambio estas personas que no se bañan son miedosas y le tienen miedo a el agua creyendo que los puede refriar o herir al caer en su cuerpo, y cuando alguien les pregunta por qué no se bañan, ellos se limitan a decir porque la cascara guarda el palo. Ellos son personas normales y viven normalmente, no se meten en nada con las demás personas, solo viven su acostumbrada vida fuera de la higiene, son personas muy trabajadoras y hacen bien todo trabajo que se les encomienda y como a ellos no les agrada ser muy comunicativos nunca dan ningún informe de sus vidas ni el estilo de vivirla cuando se les pregunta algo de ellos nunca dan ninguna información. Sin embargo, hay personas que han tenido que visitar sus hogares por razones de su trabajo y se han enterado de su inusual forma de vivir y en casos extremos donde hay niños o mascotas expuestos al peligro de vivir de esa forma, tan fuera de lo común; son multados y les piden que limpien pero no pasa a mayores y ellos continúan con su acostumbrada vida desordenada y la única razón por la cual viven así es porque les gusta hacerlo en lugares completamente desordenados y sin ninguna higiene donde los muebles y todas sus pertenencias esparcidas por todo el olor que más bien parece un corral de mascotas que un hogar de humanos nunca arreglan sus dormitorios ni guardan la ropa sucia y toda está por todas partes de la habitación.

Su guardarropa y demás están llenos de incestos desagradables de ver y oler que, ni los gatos se atreven a entrar por el temor de quedar atrapados los insectos que viven ahí por el mal control de los alimentos que tanto se comen en la cama como en la sala y todo es un desorden completo cuando estos personajes salen a la calle. Se ven muy raros y cómicos por su forma de vestir estrafalario que da la impresión de que va a filmar una película o video cómico los que han vivido o convivido con egos personajes dicen que todos los de este grupo de pobres que no se bañan, tienen la objeción de no hacer nada pare conservar la higiene ni en sus casas ni en sus cuerpos y cuando ellos ya piensan en cambiar y casarse tratan de buscar mujeres que no son de su desastroso grupo pero son rechazados, y tienen que buscar entre su grupo y hablan con su prometida de lo que ellos piensan hacer al casarse que es cambiar el estilo de vida tan inadecuada en que vive para poder procrear una familia normal y cuál es la razón de tu cambio tan drástico.

La razón la empecé a pensar desde que miré que ni los gatos quieren ser mis mascotas por el temor de ser atacados por cucarachas y ratones es por eso que tengo diez perros que me cuestan más que mantener una mujer que no sea fodonga y mantenga la casa y a los niños limpios y bien vestidos y de igual manera ella y yo ponernos a la altura de la buena higiene es por eso que te pregunto quieres que nos casemos para juntos cambiar la vida que llevamos por otra mejor, para ya no andarnos quejando de discriminación ni de que la gente no nos acepte como a personas normales por nuestras vestimentas y desaseo creo que llevar este tipo de vida a nuestra edad no es agradable ni provechoso para nosotros, te doy la razón pancho te entiendo y te comprendo tu manera de sentir y pensar es por eso que aceptaré tu proposición de amor eterno por la razón de que pensamos igual desde hoy cambiaremos nuestras vidas para que ya nos acepten como personas normales y desde el día de hoy nuestro hogar brillará con el amor la higiene y las buenas costumbres, ya nadie tendrá el derecho ni la razón de nombrarnos la familia de la chusma ni de que diga que por nuestra culpan no han desaparecido las tres clases de piojos que existen en los entornos de nuestros grupos que son los cabezas prietas, los cabezas rubias y los de trapo, en forma de aclaración ninguna de estas tres clases de piojos son venenosos solo son molestosos.

Los cabeza prieta y rubia pican como los mosquitos y los de ropa que se encuentran en las costuras gruesas de la ropa traspasan la piel cuando pican para sacar la sangre que es su alimento, en las escuelas son muy común que aparezcan y es por eso que la escuela manda una nota a los padres que dice no mande a sus hijos a la escuela hasta después de que les apliquen el tratamiento de mata piojos, mis escritos cuentos anécdotas e historias son original porque son conversaciones del pueblo en las calles, y esta interesante historia de los que no se bañan conocí personalmente a un miembro activo de los que no se bañan yo creí a ciencia cierta que se trataba de gente pobre pero no es así este personaje me contó que él proviene de una familia adinerada y que él nunca aprendió a hacer nada porque todo se lo hicieron hasta la edad de 17 años que su familia tuvo que salir de su país a cómo pudieron hacerlo una se fueron a España, México, a Estados Unidos y a los demás países que los recibieron y es por eso que es muy necesario que los papás ensenen a sus hijos las buenas costumbres del aseo y de arreglar su dormitorio y poner la ropa sucia en su lugar y a que sepan cocinarse su comida aunque en el momento no sea necesario hacerlo si es indispensable aprenderlo para también aprender a llevar la vida hermosa que todos debemos de tener con salud y alimento que la buena higiene y el aprendizaje nos regalan.

# Los pobres sin cerebro

Son aquellas personas que lo regalan todo y compran todo lo que ven en especial sin necesitarlo ya que su único propósito es el de gastarlo todo, y al conseguirlo reniegan de todo y de todos y aun siendo hijos de familias acomodadas son pobres de cerebro porque sus capacidades mentales son muy limitadas y solo les encanta vivir y gozar de la fama y la vanagloria de ser extremadamente generosos que los que se benefician de ello son organizaciones y personas que dicen ayudar a los pobres, y que en muchos de los casos lo hacen con el propósito de sacar sus ganancias y sus papis y el entorno familiar les dan el apoyo necesario que necesitan porque con su obra caritativa le da el buen nombre a la familia de ser una familia muy generosa en su comunidad y sus padres los ayudan y los controlan para que no regalen todo lo que tienen para que no tengan que pedir cuando se termine su fortuna y se cae en la banca rota que es cuando llega la necesidad de pedir ayuda y este problema les llega a los pobres de cerebro cuando fallecen sus padres y ellos reciben la fortuna que les corresponde y ya pueden gastarla a su antojo y sin problema cosa que ellos hacen con agrado.

Y como no le ben cello al dinero por su condición de comprador impulsivo para comprarlo y regalarlo todo, la fortuna heredada pronto se termina. Y todos aquellos amigos que decían tanto apreciarlo lo donan y se vuelven sus enemigos y críticos mal intencionados y todas aquellas vanaglorias y alabanzas agradables se transforman en malas críticas y cuando esto les sucede aquellos que obtuvieron buena educación por estar mental mente bien y pueden mirar y comprender que se han equivocado y deciden salir del bache en que se encuentran empiezan a recordar los consejos de sus padres de que ay que abrir bien los ojos para mirar y saber escoger cual es la basura que debes de tirar porque le hacen mal a tu vida y es cuando se abandonan los vicios y los malos amigos, y en cambio los que fueron ricos de fortuna y pobres de cerebro nunca son capaces de cambiar sus vidas por lo de su incapacidad mental y toman las calles como su residencia personal, y a vivir de la caridad pública y cuando ya son locos de remate entran a la felicidad en que ellos siempre de por siempre han querido vivir que es su vida loca, en muchos de los casos sus familiares los han recogido de las calles y llevados a sus casas pero se escapan con una habilidad sorprendente y regresan a las calles a su residencia de su libertad sonada, en una ocasión sorprendente.

Salí temprano de mi casa eran como las seis de la mañana y cuál fue mi sorpresa de encontrarme una hermosa joven en una bolsa de dormir abierta y tenía su ropa de dormir limpia y hermosísima y le pregunté cómo estás necesitas ayuda y me dijo estoy bien y no necesito ayuda la noté confundida y procuraba ayudarla cuando yo le hablaba ya no me ponía atención y decidí llamar a la ley para asegurarme que cuidarían de ella, cuando llegó un señor de fuerte carácter pero atento y me empezó a contar anoche se nos escapó y la hemos buscado por barias horas, le dije me alegro que la encontró y que está bien yo ya quería llamar la policía que bueno que no lo hizo porque la ley no la había quitado ellos tienen lugares y personas especiales para darles el cuidado y la atención que necesitan pero uno es egoísta y prefiere batallar y cuidar de ellos pero yo no quiero ni pensar cómo será mi vida sin mí reina él se llevó a su reina y yo me fui al trabajo y fue por esta experiencia que quiere respeto y admiro a las personas sin hogar que viven en las calles, y sé que son los verdaderos ángeles que tenemos en la tierra porque ellos son puros y viven llenos de amor ellos no dañan a nadie pero también es muy conocido que en los lugares peligrosos como los llama la gente que es por donde ellos habitan se reúnen muchos criminales malandrines a emporcar las aguas cristalinas de los manantiales del amor y de la paz.

# Los pobres trabajadores de la construcción

EL QUE HAYA POBRES EN el trabajo de la construcción es algo difícil de creer ya que la construcción es uno de los trabajos mejor pagados del mundo. Y de que hay pobreza en este trabajo ni los mismos trabajadores lo aceptarían ya que ellos han logrado en el mejorar su medio de vida económicamente hablando, y como en su mayoría, ellos provienen de México y de Latinoamérica y en aquellos países, aunque la mano de obra clasificada es bien pagada, nunca llegan a tener las comodidades y riqueza que obtienen en los EE. UU. y en Canadá donde los trabajadores de la construcción tienen sueldos muy altos, que un trabajador puede comprar su casa, crear y educar a su familia, tener buen carro para desarrollar su trabajo y tenerle automóvil para la familia y todo lo ha logrado por trabajar para una compañía responsable de sus empleados y de tener buenos seguros y sueldos para sus empleados, y el no permitir que niños menores de edad trabajen en la industria de construcción, cosa por la cual se mantienen los sueldos al nivel alto.

En diferencia a los países latinos donde se le permite a toda persona que quiera y pueda hacer el trabajo es empleado por los contratistas sin escrúpulos y enamorados de las buenas ganancias económicas. En todo el mundo este negocio es muy lucrativo y los trabajadores cuando empobrecen es que nace en ellos la idea de que la compañía no les está pagando lo suficiente por su trabajo y piensan que trabajando por su cuenta tiene la oportunidad de enriquecer fácil. Es cuando grupos de trabajadores especializados deciden abandonar la compañía que los ha hecho ricos para empezar a trabajar por su cuenta propia, cosa que la logran por saber hacer todo y bien hecho y al principio creen que les funciona de maravilla, y si, pero luego son descubiertos por la ley y que están trabajando fuera de la ley sin los permisos ni seguros y licencia que las compañías deben de tener para la seguridad de empleados y trabajo que se hace, y cuando esto pasa es cuando llega la pobreza para los trabajadores de la construcción que ha abandonado la compañía que lo ayudó por años. Y la compañía fantasma que ellos formaron desaparece, pero como la lucha por la vida sigue y hay que seguirla, ellos lo que pueden para sobrevivir y empiezan a armar sus ideas que traían de sus países donde todo es permitido mientras no te encuentra la ley, que no es muy estricta como en los EE. UU.

Ellos se arman de licencia falsa, su libro de fotos también falsas, donde muestran sus trabajos completamente hermosos, sus tarjetas personales como contratistas establecidos y todo esto les funciona a las mil maravillas, que ellos se presentan para que les den trabajo y cuando ellos cumplen hacen trabajos perfectos por la simple razón de que los saben hacer, pero cuando ellos se presentan como contratistas privados y la gente les pregunta: "Que me quiere decir con lo de que es privado, le estoy explicando cómo se puede ahorrar tiempo y dinero. Dígame como es que puedo ahorrar si usted no saca permiso para hacer el trabajo se ahorra lo del permiso que es muy caro y la visita de inspectores qué en muchos de los casos son muy molestosos", "Y que pasaría si alguien reporta y viene la inspección"; "Yo presento mi licencia y mi trabajo y él se marchará y me ordenará que vaya a sacar el permiso y no habrá ninguna multa porque a mí nunca me ha pasado nada y mi récord está limpio". "Es así de fácil, hágame el trabajo"; "Le haré el presupuesto solo del material que es lo más caro hoy en día porque por lo del trabajo nosotros cobramos muy buen precio". Le hace el presupuesto del material le dice: "Solo son dos mil del material y van a ser mil por el trabajo, le dejo mi tarjeta si no me encuentra deje mensaje que le lo contestaré tan pronto como me sea posible hacerlo". "Mire señor contratista ahorita solo tengo mil quinientos dólares, mañana cuando traiga el material se los doy. Confíe en mí por favor, solo que me tiene que dar el recibo para mostrarlo a mi esposo cuando venga del trabajo". "Está bien, démelos y yo le doy su recibo. Está bien señora"; y le escribe y le entrega el recibo.

Cuando llega el esposo le cuenta lo del buen trato que hizo para que le hagan una belleza japonesa en su jardín "Y solo me cobró el contratista tres mil dólares con todo incluido material y trabajo, y tienes que darme quinientos dólares mañana cuando traigan el material. Mira, este es el recibo que me entregó, te lo muestro, mira tiene su dirección teléfono y número de licencia para trabajar"; "Mira Domitila solo quiero que recuerdes cómo se presentó, qué fue lo que te dijo". "Me dijo que busca trabajos por su cuenta, que hace trabajos privados, le pregunté qué significa trabajos privados y me dijo que no se pide permiso para hacerlos, que me ahorro cientos de dólares y las molestias que dan los inspectores con preguntas y visitas todos los días, y estuve de acuerdo con él a que hiciera el trabajo. Me dio un estimado del precio del material de dos mil dólares y él estuvo de acuerdo que en que mañana a las ocho traerá el material y le daré los quinientos restantes". El esposo le dijo: "Esa es la clave de ellos para engañar ingenuos. Le llamaré para que te enteres de la verdad". Le llamamos y contestó un niño y nos dijo: "Mis papás llegan a las cinco de la tarde del restaurant".

Nos fuimos a esa hora para enterarnos que habíamos sido engañados, nos estacionamos afuera de la casa y les mostramos el recibo y les contamos lo que pasó muy sorprendidos de que el recibo tuviera su dirección y su teléfono. Nos invitaron a pasar y nos mostraron su jardín japonés con sus plantas y diseño de su país, les preguntaron como es este señor y lo describieron como en un retrato hablado y dijeron: "Este es el mismo señor que nos engañó el mes pasado y lo raro es que hoy usa nuestra dirección y nuestro teléfono para hacer sus fraudes. Hay que reportarlo a la policía". Se despidieron de sus nuevos amigos víctimas de los empobrecidos de la construcción.

Un buen día yo estaba en la puerta de mi casa cuando pasó este personaje y me saludó. Me dijo: "Como has estado Barraza, mucho tiempo sin verte y ¿qué haces?". Después de no hacer nada le contesté: "¿Y tú qué haces?", y me dijo: "Aquí buscando trabajo por las casas viejas para hacer reparaciones. Tú necesitas algún trabajo, yo te lo hago bueno, bonito y barato". "Te mostraré el trabajo que planeo hacer, quiero arreglar muy bonito el jardín para que jueguen los niños". Pasó a la casa y me dijo: "Te espero en el patio para ver tu trabajo pero tráeme una cerveza". Él se pasó a la yarda y yo puse algunas cervezas en hielo y las llevé para tomarlas. Empezamos a refrescarnos y él se puso muy alegre y conversador, y se fijó en cuatro herraduras que tenía en el cerco de la propiedad y me dijo: "¿Y por qué las tienes boca arriba y le dije así dicen que se deben de poner para atraer la buena suerte?"; y me aconsejó que un asiático le dijo que depende de dónde quieres que te llegue la suerte de tu trabajo o de los juegos de azar, quien las pone boca bajo tiene suerte en sus negocios y trabajos que hace en la tierra, y quien las pone boca arriba espera que la suerte le llegue del cielo como en herencias y juegos de azar. Le di las gracias y le pregunté, y me dijo yo las use de los dos modos cuando las use boca arriba me caen ingenuos que me pagan los trabajos por adelantados y ya no vuelvo, y cuando salgo a buscar trabajo que pienso hacer las pongo boca abajo. Sacó su libro y me dijo: "Mira Barraza te voy a contar todas las trampas que hacemos los trabajadores de la construcción empobrecidos. Mira este álbum de fotografías que mostramos de los trabajos que hacemos; son fotografías falsas, nosotros no hicimos esos trabajos, y nuestra primera presentación es de que somos independientes y que hacemos trabajos privados, y buscamos como víctimas a gente de avanzada edad y a mujeres que creen en todo lo que les cuentan y pagan por adelantado, y cuando hacemos trabajos, dejamos cosas mal hechas para que nuestros amigos y compañeros también se ganen su dinero, y nos escondemos y como siempre damos el teléfono de nuestro socio, y cuando lo llaman a él preguntado por nosotros él les dice que salimos del país por problemas familiares y él toma el trabajo con otro cobro extra; y cuando dejamos cosas que despiden mal olor como huevos picados con el desarmador o clavos, los dejamos en puntos clave que el socio sabe dónde están escondidos y se presenta para ver si necesitan algún trabajo y le muestran el problema y él les dice: Es fácil de resolver es algún ratón atrapado que murió detrás de la plancha de madera y aquí está. En este preciso lugar sé porque es de donde se despide el feo olor, yo te hago el trabajo garantizado, por tanto, pero es muy caro; Lo entiendo, pero es peor tener este olor en casa no lo cree. Mira te ofrezco tanto, pero te pago hasta que ya los resultados de tu trabajo, está bien, ahorita mismo te lo voy a hacer, ahí traigo material en la troca, y se toma todo el tiempo que él quiere para hacer el trabajo. Le pagan y se despiden como buenos amigos y de ahí en adelante él se transforma en el hombre milagroso para arreglar problemas de construcción, y es recomendado entre todas las amistades".

Y cuál es tu moraleja para todos tus amigos de la tercera edad y mujeres que siempre procuren que los trabajos de su hogar los hagan compañías honorables porque al final les saldrán más baratos y seguros, todas las reparaciones que le hagan a sus hogares.

# Los pobres trabajadores

Los pobres trabajadores es el grupo más interesante de todos los grupos de pobres del mundo que sé cómo regresaron de nuevo a sufrir de la extrema pobreza que un día conocieron, y que les enseña a ser cumplidores y honestos en su trabajo, y sus ambiciones solo se limitan a conseguir las cosas que todo trabajador puede tener para vivir una vida digna, con el sacrificio y el ahorro de su trabajo y sus deseos y ambiciones se limitan a llegar a tener una familia y un hogar estable y confortable con el amor y la felicidad que una familia unida merece tener, y todos sus deseos se le cumplen como arte de magia por ser basados únicamente al alcance de sus posibilidades y con el hecho de ser buenos pensadores se benefician con las bondades de la vida y de la suerte que tienen las personas que saben controlar sus emociones de la ambición y que siempre van con sus pensamientos de acuerdo con sus habilidades y posibilidades que se limitan al cuidado de su hogar y familia y cuidar de su trabajo que es su único medio de vida seguir con las buenas costumbres y tradiciones de familia. Lo cual brinda felicidad y lindos recuerdos del historial de su honorable familia y que es el aprendizaje que le permite vivir una vida sin cambios, que no siempre son por lo mejor y que los resultados de ellos son todo lo contrario a lo que se piensa, y cree que lo mejor para él es seguir en su mismo trabajo y en su misma religión y con su igual que siempre cuidando de su hogar, familia, trabajo y entorno social y familiar, ya que de esta conocida actitud le ha bridado la vida placentera en que le ha tocado vivir en décadas.

Cuando alguien engaña a las personas de estos grupos, ellos no se lamentan ni se disgustan, solo se limitan a decir: "No debo de culpar a nadie porque fue mi única culpa por la confianza de una oferta que era muy bonita para que fuera verdad"; y todos sus éxitos dependen de su capacidad y calma que tienen para ver las con el pensamiento y la buena actitud que tienen para vivir la buena vida. Nunca busca culpables por sus errores cometidos por su ingenuidad de creer que todos piensan como él, y todo lo que le pasa lo acepta de buena manera y lo usa como experiencia y parte del aprendizaje de vida, y es lo que usará como un cuento, anécdota o chiste para las reuniones o fiestas entre los de su entorno y así continúa y muestra sus virtudes del buen comportamiento del amor del corazón fuera de los malos pensamientos de la envidia, la mala ambición que siempre acarrea males consecuencias, ya que de todas sus esperanzas y sueños los cifra en su fuerza trabajo y desarrollo para siempre vivir la vida placentera en compañía de su familia.

Todos los días se levanta por la mañana para ir a su trabajo que es sagrado. Hace sus tareas y por la tarde regresa a casa y, de igual manera en casa como en el trabajo, cumple con su tarea asignada y repartiendo alegría y la recompensa se la gana con todos los de su entorno que lo estiman por sus virtudes de ser persona maravillosa y eficiente para todo, hasta para compartir felicidad. Y todas las personas que han tenido la suerte de conocerlo en el medio en que él se desarrolla, se vuelven cual la familia de su entorno social, desde patrones y compañeros de trabajo, y se transforman en una gran familia donde se puede apreciar el contenido del amor y la amistad, ya que entre todos reunidos gozan de todas sus fiestas de festejos familiares en sus propios hogares, cosa fácil de hacer, ya que todos pertenecen a su mismo partido político, política y religión.

Este hermoso y bien organizado grupo nos demuestra que en el trabajo es el lugar donde se encuentra el amor y la amistad, y todos los componentes para vivir una vida llena de amor y felicidad como Dios quiere y manda, y todos los humanos necesitamos. Sé que este grupo de pobres trabajadores es el grupo que vive más contento y feliz en la faz de la Tierra, por la razón de afirmarlo es que yo y mi familia hemos pertenecido a este grupo por siempre, porque la hostia del mundo nos muestras que las personas que no han conocido la pobreza no saben apreciar las cosas nobles y bellas que nos enseña la no abundancia, que cuando un pobre recibe un vaso de agua y un pan los encuentra tan deliciosos como si se hubiese comido un manjar, en un día frío que alguien le regala un abrigo para cubrirse de frío ve en la imagen de quien se lo regaló, ve el corazón de oro y la imagen de diosa quien le da un trabajo cuando él lo necesitó, lo ve y lo recuerda como a su propio padre.

Estas historias y muchas más son las que tiene este grupo sagrado alrededor del mundo y los pobres que conocen la vida en la pobreza saben que la pobreza es muy bonita porque nos enseña el amor a la vida y a la naturaleza ya que en la naturaleza nadie tiene más comodidades que las de la naturaleza que son las más hermosas y sagradas del mundo, la familia.

# Sobre el Autor

RAUL BARRAZA B. NACIÓ EN Chacala Tamazula, Durango, en México, el 2 de diciembre de 1942. Chacala es un pueblo fincado por conquistadores mineros europeos. Al pie de la Sierra madre una montaña misteriosa llena de manantiales minas de oro, plata, agricultura y ganadería. Ahí el tiempo se detiene o pasa muy rápido, porque pasar un año allí es como pasar un mes en cualquier otro sitio. Sus pobladores no envejecen hasta el tiempo de morir con un promedio de vida de 100 años dicen que la magia de la felicidad es su agua y sus minerales. Fue hijo de Roberto Barraza y Rita Beltrán. Su vida empezó en el trabajo del campo y fue a la escuela hasta el tercer año de primaria. Otro tiempo más a estudiar con las monjas que llegaron al pueblo a enseñar el catecismo. Ahí fue donde aprendió a conocer más cómo escribir y expresarse mejor. Se vino a los Estados Unidos en los años 60 a acompañar a su tío por parte paterna y fue dos años a las escuelas de adultos para aprender inglés. ¡Ah!, también aprendió como vivir en los EE. UU. Entonces, empezó a asociarse con diferentes razas, culturas y costumbres, y dice que este pase por la vida ha sido el más hermoso, porque él solo conocía mexicanos, mestizos y nativos. En San Francisco, conoció la belleza más importante del mundo, el crisol de razas comidas y costumbres. Su tío le dio la tienda de frutas y vegetales y ahí empezó con las tiendas de productos mexicanos y sudamericanos. Esto le brindó estabilidad y familia. Se casó con Francisca Colin y procrearon cuatro hijos hermosos en los tiempos de Ronald Reagan les dieron los papeles y hoy son unas personas felices que quieren y respetan a los generosos Estados Unidos.